Tom Taylor, Lilian Taylor

Des Narren Rache

Tragödie

Tom Taylor, Lilian Taylor

Des Narren Rache
Tragödie

ISBN/EAN: 9783743400900

Hergestellt in Europa, USA, Kanada, Australien, Japan

Cover: Foto ©ninafisch / pixelio.de

Manufactured and distributed by brebook publishing software (www.brebook.com)

Tom Taylor, Lilian Taylor

Des Narren Rache

Des Narren Rache.

TRAGÖDIE

VON

TOM TAYLOR,

IN DER FASSUNG WELCHE

EDWIN BOOTH

IHR AUF DER BÜHNE GIEBT.

DEUTSCH VON

LILIAN TAYLOR.

DRUCK VON
VAUX & ROPER,
27 Rose Street, New York, U. S. A.
1882.

Copyright, 1882,
By EDWIN BOOTH.

PERSONEN.

GALEOTTO MANFREDI, Herzog von Faenza.
GUIDO MALATESTA, ein alter Befehlshaber und Edelmann.
BALDASSAR TORELLI,
GIAN MARIA ORDELAFFI, } Edelleute und Höflinge.
BERNARDO ASCOLTI, Gesandter von Florenz.
BERTUCCIO, der Hofnarr.
SERAFINO DELL' AQUILA, ein Dichter.
ASCANIO, Francesca's Page.
GINEVRA, Malatesta's Gemahlin.
FRANCESCA BENTIVOGLIO, Herzogin von Faenza, und Manfredi's Gemahlin.
FIORDELISA, Bertuccio's Tochter.
BRIGITTE, Bertuccio's Dienerin.
   Damen, Herren, Kammerherren, Pagen und Diener.

   ORT:—Faenza, in Italien.
   ZEIT:—Ende des fünfzehnten Jahrhunderts (1488).
   DAUER DER HANDLUNG:—Etwas weniger als acht und vierzig Stunden.

DES NARREN RACHE.

ERSTER AUFZUG.

ERSTER AUFTRITT.

Schlossgarten zu Faenza. Im Hintergrund erhöhte Terrasse. Garten, etc., erleuchtet. Festmusik beim Aufgang des Vorhangs. Mondschein über die ganze Bühne. Ritter und Damen spazieren auf und ab. Torelli und Ordelaffi. Zu ihnen Ascolti.

Torelli.

Messire Bernardo, Ihr sollt hier entscheiden,—
Zeigt Ordelaffi ein festlich Angesicht?
Eh'r passte es zu einem Leichengang!

Ascolti.

Wie könnt' ein Ordelaffi lachen bei dem Feste
Das Octavian Riario verherrlicht,
Der Herr von Forli ist, und Imola?

[Musik hört auf.

Ordelaffi.

Weil meine Ahnen herrschten dort vor Jahren,
Bis sie—die Narren—sich besiegen liessen?
Mein einzig Erbtheil war mein blankes Schwert.
Kraft meiner festen, schwarzen Schaar, erschaffe
Ich neue Güter mir, lass' fahren was
Verloren. Meine Hand darauf, Ihr findet

Mich einen flottern Tänzer, lust'gern Freier,
Und echtern Trinker auch, als je ein Burgherr
Von Eurer Sippe.   Gilt's?

> [Manfredi und Ginevra gehen über die Terrasse.   Dann
> Malatesta, sie beobachtend.   Gehen ab, R.

Torelli.

Ich schlage ein!   Dort Malatesta's Weib,
Ginevra,—sollen wir's mit ihr versuchen?

Ascolti.

Habt Acht!   Der Graubart Guido ist ein Gatte
Vom alten Schlag; wie finster er den Blick
Auf Manfred richtet; jedes Wörtchen in
Der Schönen Ohr, stösst ihm 'nen Dolch in's Herz.

Ordelaffi.

Das Alter führt die Jugend heim als Braut,
Und wähnt die Füchse von seinem Wein zu scheuchen.

Torelli.

Und gar den Herzog zum Rival!   Der Arme!

Ascolti.

Der Herzog hüte sich!   Ginevra kann
'Nen ärgern Feind als Malatest' ihm schaffen!
(Leise.)   Die Herzogin!

Torelli.

Die Bentivoglio reizen ist gefährlich.

Ordelaffi.

Und wie ihr Windspiel ist sie eifersüchtig.

Torelli.

Und hat die schärfern Zähne.   Mich wundert, dass
Faenza sie verlässt, da sie doch weiss

Wie hold Manfred dem weiblichen Geschlecht.

Ascolti.

Verlässt Faenza?

Torelli.

    Ja, so hört' ich; morgen
Geht nach Bologna sie zu ihrem Vater,
Giovanni Bentivoglio.

Ascolti.

   Und verklagt
Den hitzigen Gemahl?

Torelli.

    Könnt' sein; genug,
Sie geht, und—schöne Herrin die sie ist,—
Geh' sie zum Henker, sage ich! Verschwunden
Sind aus Faenza gute Zeiten, seit
Mit ihrer Eifersucht sie kam. Ist sie
Nur fort, Manfredi wird der Alte wieder!

              [Musik pp.

Ascolti (nach R. blickend).

Still! still! sie kommt!

Ordelaffi.

    Mit jener Missgeburt,
Bertuccio! Häm'scher Teufel! Meinen Dolch
Möcht' in die freche Kehle ich ihm stossen!

Torelli.

Ein Possenreisser, er? Sein Lachen schneidet
In's Fleisch Euch ein!

Ascolti.

    Er schonet Keinen; schont
Sogar Lorenzo's, meines grossen Herrn,
Mit boshaft niederm Witze nicht.

Ordelaffi.

Seid ihm
Gerecht! Ein Meister ist er im Gebrauch
Der Zunge; keine Schwäche ist an uns,
Die er nicht kennt und brandmarkt. Fluch dem Schurken!
Ich bin noch voller Striemen von den derben
Worthieben die er mir erst gestern gab.
Könnt' ich's ihm nur entgelten!

Torelli.

Geduld! Ich kenn' die Ruthe die den Buckel
Wund ihm prügeln soll. 'Ne prächt'ge Rache!

Ascolti.

Sie sind's—geh'n wir!

[Ascolti, Ordelaffi und Torelli verlieren sich unter die Gäste
und gehen links ab.—Manfredi und Ginevra, von Malatesta gefolgt, treten auf, gehen über die Bühne, und ab.
Dann, Francesca und Bertuccio.

Francesca (seitwärts blickend, leise).

Noch immer bei ihr—heisse Blicke tauschend!
Mit ihr beim Tanz—beim Festmahl—immer bei ihr!
Und nichts für mich als leere Huldigung,
Und dürft'ge Münze blosser Artigkeiten.
Das sehnend Herz bleibt öde, wie ein Bettler,
Gehöhnt durch falsches Geld!

[Musik forte, bis Bertuccio spricht.

Bertuccio.

(An den Fingern zählend und nach dem Monde schauend.)

Mond—Manfred—Mond!

Francesca.

Wie sagst Du?

Bertuccio.

Mit Verlaub,
Ich rechne, Monna Cesca.

DES NARREN RACHE.

Francesca.

Ein Narr'nexempel?

Bertuccio.

Ja wohl: wie oft Dein Gatte wechselt,
Und wie oft der Mond. Manfredi hat den Vorsprung.
Es kommt heraus: zehn Liebchen und fünf Monde.

Francesca.

Welche bin ich?

Bertuccio.

Die Erste bist Du; Dir ist er treu geblieben
Die Flitterwochen durch, ein ganzer Mond;
Es bleiben dann: neun Liebchen auf vier Monde.

Francesca.

Bedaure mich, Bertuccio!

Bertuccio.

Ganz und gar nicht!
Der Finke dauert mich, nicht der Finkenfalke.

Francesca.

Ich schau' der Rede Sinn. Die Kraft hab' ich
Zu rächen mich. Doch nur, wenn ich zur Stelle.

Bertuccio.

So bleib'!

Francesca.

Zu Bologna erwartet mich mein Vater.

Bertuccio.

So geh'!

Francesca.

Und ihn hier lassen—frei—mit ihr,
Und keinen Freund der für mich wachte treu,

Der Kunde brächte, wie's zwischen ihnen stünde.
Hätt' ich nur einen Freund——

Bertuccio.

Du hast Bertuccio.

Francesca.

Man nennt Dich treulos, boshaft, sagt Du liebst
Das Böse weil es bös ist, seist der schlimmste
Rathgeber Deines Herren, nur zum Bösen
Ihn stets verleitend.

Bertuccio.

Oh, man schmeichelt mir!

Francesca.

Wie also sollt' ich Dir vertrau'n?

Bertuccio.

Madonna,
Du kennst die wilden Thiere die der Herzog
Verwahrt im Zwinger dieses Schlosses? Dort
Lieg' ich oft stundenlang und schau' nach einer
Tigerin, so schlank, so schön, und so gefährlich!
Ich säh' sie gern auf einen Menschen springen!
Trau' mir, dass zu der rechten Zeit den Riegel
Ich öffne, und meine Tigerin befreie.

Francesca.

Ich traue Deiner Bosheit mehr als Dir.

Bertuccio.

'S ist sich'rer!

Francesca.

Was sich zuträgt muss ich wissen,
Erfahren wie es zwischen Beiden steht.

Gieb Acht auf sie—merk' auf Gespräch, Geberden;
Ich weiss, Du hast das Ohr des Herrn.

Bertuccio.
Er traut mir.

Francesca (giebt ihm einen Ring).
Nimm diesen Ring; 'nen Brief mit diesem Siegel
Bringt mir mein Knapp' Ascanio schnell zur Hand;
Drei Stunden muss er reiten,—und in sechs
Bin ich zur Stelle. Doch Verdacht ist nicht
Genug; lass' bös Gelüste, wachsend still,
Zu böser That verleiten ihn, dass in
Verbotner Freuden erster Gluth, die Rache
Rasch, unverhofft, und auf den Kopf ihn treffe.
Verzeihen kann kein Bentivoglio.

Bertuccio.
Hüt' Dich!
Faenza liebt Manfredi! Diese Fliegen,
Die in der Sonne seiner Gnade leben,
Sie stechen auch; die dummen Bürger lieben
Die freie Hand die ihre Weiber schont.
Du wagst den eignen Kopf, rührst Du an seinen!

[Musik p.

Francesca.
Lass' mir die Rache; komme dann was will!
Genug; ich bin entschlossen. Jetzt zum Tanze.
Kein Wölkchen soll auf meiner Stirn man sehen,
Wenn's gleich im Busen stürmt. Ich kann auch scherzend
Den Beiden nah'n. Bertuccio, denk' an mich!

[Francesca ab, L

Bertuccio (betrachtet den Ring).
Ein Blutstein—gut, der mahnet recht!—Denkst dass
Nur Du zu leiden hast? Nur Du auf Rache

Sinnst? Wie? " Verzeihen kann kein Bentivoglio."
Ich kenne einen niedern Narr'n, Bertuccio,
Ein elend, krummes, dürres, bucklig Wesen,
Das lachen muss, und selbst verlacht noch wird,
Ein Etwas zwischen Aff' und Mensch, das sich
Erkühnt mit seiner gnäd'gen Herrin in
Derselben Koppel auf die Jagd zu gehen.
Dein Wild Manfredi—das meine Malatesta.
Lass' seh'n, wer von uns Beiden schärfer beisst!

[Manfredi und Ginevra treten auf; ihnen folgt Malatesta.

Der Herzog und des Grafen Weib!

[Geht zur Seite. Manfredi und Ginevra kommen in den Vordergrund. Malatesta beobachtet sie scharf.

Manfredi.

Noch nicht! Noch einen Tanz! Das Fest ist leer
Mir ohne Euch! Der Blumen Duft versiegt
Wenn Ihr entweicht, und tonlos ist mir die
Musik, und dumpf, wenn Eure süsse Stimme
Mit sanfter Melodie sie nicht begleitet.
Oh, bleibt!

[Musik hört auf.

Ginevra.

Ich kann nicht, Herr; mein Gatte ruft.

Manfredi (für sich).

Die Gatten kommen immer in die Quere!
(Laut.) Per Bacco! Wollt' ich doch Graf Malatesta
Ging' nach Bologna mit der Herzogin;
Wir wären Beide frei.

Ginevra. [Malatesta winkt.

Vergebung, Herr;
Mein Gatte winkt. Nicht Ihr, ich bin's, die heute
Erduldet seine Launen. Lasst mich gehen!

Manfredi.

Für ganz Faenza möcht' ich nicht ein Wölkchen
Durch meine Schuld auf Eurer Stirne sehen!

[Er führt sie Malatesta zu.

Hier habt Ihr Euren Edelstein, Graf Guido,
Seht zu, dass nach Gebühr Ihr ihn verwahrt.

Malatesta.

Das will ich wohl.

Manfredi (zu Ginevra).

Euch wünsch' ich süsse Träume!

Malatesta (für sich).

In dieser Nacht noch muss sie aus Faenza.

[Malatesta und Ginevra ab, R.

Manfredi (setzt sich, R.).

Ein unvergleichlich Weib!

Bertuccio.

(Kommt nach vorn, und kauert zu Manfredi's Füssen.)

Ein grober Gatte!

Manfredi.

Bertuccio!

Bertuccio.

"Zu Euren Diensten, Herr," sprach Satanas.

Manfredi.

Komm', Narr, schmäh' mir die Gatten.

Bertuccio.

Soll ich da
Dein Weib nicht rufen?

Manfredi.

Schweig', Du Unhold, schweig'!
[Giebt Bertuccio einen Fusstritt, steht auf, und geht
  nach L.
Als eben ich der Ketten Wucht vergessen,
Nennst Du den Namen meines Hüters mir.
Dem Himmel Dank! Auf kurze Zeit hab' morgen
Ich meine Freiheit wieder, will sie auch
Geniessen. Mein Trauter, komm' und hilf mir aus
Mit Deiner Bosheit; einen tollen Streich
Erfinde stracks, und dass zur Würze mir
Das Bischen Sünde ja nicht fehlt, das erst
Den Hochgenuss verschafft.

Bertuccio.

Lass' seh'n; ermorden ist lustig, aber schal;
Intriguen machen ist gut, doch zu beschwerlich;
Wie wär' ein Zug mit Ordelaffi's Schaar?
Da kostest Du auf einmal alle Sünden.

Manfredi (schlägt Bertuccio).

Fort, räud'ger Hund! verlässt Dich gar Dein Witz?

Bertuccio.

Nicht immer kann ich neue Sünd' erfinden;
Das ist so schwer wie neue Freuden suchen.
Ich wette, Alexander hat die Freude
So durchgekostet nicht wie Du die Sünde,
Und bot ein Reich doch, für 'ne neue Freude.
Du musst Asmodi, nicht Beelzebub, beschwören.

Manfredi.

Er ist?

Bertuccio.

Der Teufel der der Liebe waltet,
Und müht sich mehr als andre Höllengeister.

Graf Malatesta's Weib ist jung und schön,
Und brav, sagt man; der rechte Stoff zur Sünde,
Ob auch die allerält'ste wohl.

Manfredi.
Doch sag',
Wie sie gewinnen? Sie ist so kalt wie schön.
Genug der süssen Reden hab' an ihr
Verschwendet ich, um einen Stein zu rühren;
Doch ganz umsonst.

Bertuccio.
Es heisst dass Hannibal
Mit Essig, nicht mit Zucker, schmolz die Felsen.

Manfredi.
Doch sie ist wie Demant.

Bertuccio.
Schlägt Alles fehl,
Kannst Du Gew. noch brauchen. Führ' sie ihm
Dreist aus dem Hause weg.

Manfredi (geht nach R. und setzt sich).
Das ist, bei Gott,
Ein guter Rathschlag, Narr! Ich will's bedenken.

Bertuccio.
Verstand thut hier nicht Noth; nur starke Hände
Und harte Herzen. Hier sind Beide.

[Torelli, Ascolti und Ordelaffi treten L. auf.

Manfredi.
Darf Euren Armen ich vertrau'n, Messires?

Torelli.
Bei jedem Streit!

Ascolti.

Den Meinen auch!

Ordelaffi.

Und meinen!

Bertuccio.

Nur nicht so schnell. Du sagtest, " Arme;"—vor.
Torelli musst Du Beine fordern; seine
Trugen so wacker aus Gefahr ihn bei
Sarzana; traue ihnen.
[Alle ausser Torelli lachen.

Torelli.

Schnöder Bube!
Mit Dir bring' ich's in's Gleiche!

Bertuccio.

Das wär' Schade.
Welch' arge Entstellung wär fürwahr ein Höcker
Dem Rücken, den so gern Ihr zeigt.

Ascolti.

Der Kerl wird dreist.

Bertuccio.

Weil ich die Wahrheit rede?
Vergebung, Herr, denn ich vergass wie hässlich
Sie einem Florentiner klingen muss.
[Alle ausser Ascolti lachen.

Manfredi.

Bertuccio, gut getroffen!

Ordelaffi.

Mein hoher Herr!
Der Sklav' ist da uns Witz zu schaffen——

Bertuccio.

Halt!
Kein Mensch kann das Unmögliche vollbringen,
Ist ein bekannt Maxim des röm'schen Rechts;
Wie also kann ich Witz für Ordelaffi schaffen?

[Alle ausser Ordelaffi lachen. Dell' Aquila erscheint auf
der Terrasse und geht quer über die Bühne.

Ah! dort geht Serafino, er berstet schier
Vor Dichterlust—kommt 's hoch, ist 's ein Sonnett;
Bei seinem Reimen muss Vernunft ich pred'gen——

[Will gehen.

Manfredi.

Bleib'!

Bertuccio.

Nicht doch! Du verlangst der Sünden neue:
Wo solche drei Berather, bin unnütz ich.

[Die drei Herren stehen R. neben Manfredi.

(Für sich.) Gesä't ist böse Saat; nun mag sie wachsen!

[Ab, durch die Mitte.

Torelli.

Die Kröte!

Ascolti.

Niederträcht'ger Spötter!

Ordelaffi.

Verschroben an Verstand sowie an Körper!

Ascolti.

Mein Herr, der Laffe hat zu grossen Spielraum.

Manfredi.

Dem Teufel lasst sein Recht: hart trifft er wohl,
Doch trifft er unparteiisch. Ich erleide

Auch meinen Theil der Streiche. Ihr thätet wohl
Den Nächsten zu verlachen, dessen Wunde
Noch tiefer schmerzt; so findet Balsam Ihr
Für Eure eigne! Doch zu unsrer Sache.

Ascolti.

Gilt's einen Feind bei Seite schaffen?

Ordelaffi.

         Eine Burg
Erobern, oder einen Kaufmann plündern?

Ascolti.

Kann Florentiner Gold und Witz Euch frommen?

Manfredi.

Nein. Wer war heut' des Festes Königin?
Ihr habt ein sich'res Urtheil, Ordelaffi.

Ordelaffi.

Die Pflicht zwingt mich die Herzogin zu nennen;
Doch hätte d'rum ein Andrer mich befragt——

Manfredi.

Sprecht frei die Meinung!

Ordelaffi.

      Ganz Faenza weist
Nicht Eine auf, die würdig wäre mit
Ginevra Malatesta zu wetteifern!

Torelli.

Ich wüsste eine Schön're—doch was thut's?

Manfredi.

Ich stimme Ordelaffi bei. Am Hute
Trag' ich Ginevra's Farben und im Herzen;

Doch ist zu stolz sie, oder fürchtet des
Gemahles Zorn zu sehr, ein günstig Ohr
Zu leihen mir. Nie fand ich noch so spröde
Frau.

Ascolti.

Trauet Einem der sie alle kennt:
Nicht immer sind die Sprödesten die Reinsten.

Manfredi.

Wie wär's, erspart ich jed' Bedenken ihr
Durch Ueberfall zur Nacht?

Ordelaffi (mit dem Kopfe schüttelnd).

Entführen sie?
Aus Malatesta's Haus?   Wär's Feindes Burg——

Manfredi.

Hört doch! Wie sittsam plötzlich er! Seit wann
Denn zaudert Ihr, Altane zu erstürmen
Und Thüren zu erbrechen ungeheissen?

Ordelaffi.

Oh! wenn es Bürger sind—so lass' ich's gelten;
Doch Malatesta ist ein Edelmann,
Der Unsern Einer——

Ascolti.

Ja, er ist, bedenkt,
Ein Vetter gar des Burgherrn von Cesena:
Es könnte Händel geben, sehr erwünscht
Dem schlauen Venetianer.

Torelli.

Ja, Herr, ich rathe,
Wenn Eure neuerlangte Freiheit Ihr
Geniessen wollt, so wählt ein harmlos Wild.

Des alten Malatesta's Hörner möchten
Euch leicht gefährlich sein, und so das Spiel
Verderben.

Manfredi.

Fort mit Euch, Ihr feigen Seelen!
Erkaltet Ihr? Nun, bei Sankt Petri Schlüsseln,
Ich und Bertuccio werden's wagen dann.

Torelli.

Bertuccio! Meine Spange gegen seinen
Höcker, er gab den tollen Streich Euch ein.

Manfredi.

Und wär' es so? Auf ihn kann ich vertrauen.
Vielleicht, dass sein Verstand mir weiter hilft,
Als alle Eure Muskelkraft, Ihr Herrn.

Ascolti.

Doch seht, es kommt hier Einer der ein Wörtchen
In dieser Sache mitzureden hätte.

[Malatesta tritt auf, R.

Guido Malatesta!

Manfredi.

Ihr, Graf! Wie so! Das Fest verliesset Ihr
Beizeit, ich glaubte längst schon Euch zur Ruhe.

Malatesta.

Die Pflicht gen Eure Hoheit hatte ich
Versäumt; d'rum hol' ich jetzt sie nach: beschlossen
Hab' ich, am Morgen nach Cesena aufzubrechen,
D'rum wollt' nicht ohne Abschied Euch verlassen.

Manfredi (für sich).

Das passt zu meinem Plane!
(Laut.) Morgen schon!
Geht Ihr allein?

Malatesta.

Mit meinem Weib.

Manfredi (für sich).

Der Kuckuk!
(Laut.) Ihr überrascht mich; Eure Gräfin sagte
Heut' Abend nichts davon.

Malatesta.

Ein Weib weiss niemals was es will, wie sollte
Des Ehgemahles Willen sie gar kennen?

Manfredi.

Weshalb die Reise?

Malatesta.

Eure Luft hier in
Faenza ist zu schwül, und kaum so rein
Als meinem Weib von nöthen; wohler fühlt
Sie sich in meiner Burg Cesena; die ist
Von starken Mauern wohl umringt, und dort
Erfreut vom Altan selten schöner Blick.
Was braucht sie mehr?

Manfredi (für sich).

Verfluchter Kerkermeister!
(Laut.) Die Gräfin, aber, steht ihr Wunsch dahin?

Malatesta.

Ich frage nie danach; vermeide so
Dass er dem meinen in die Quere kommt.

Manfredi.

Wir werden aus Faenza Euch Beide missen.

Malatesta.

Oh, seid nur ohne Furcht, ich komme wieder;
Zu gut ist Eu'r Wein, um leicht ihn aufzugeben.

Vor Thorschluss schon, bin morgen ich zurück.
Erlaubt, dass ich der Gräfin Abschiedsgruss
Euch bring'.

      Manfredi.

Nicht doch; ich hol' ihn selbst mir morgen.

      Malatesta.

Vor Tagesanbruch reiten wir. So früh
Seid kaum Ihr wach.

     Manfredi (für sich).

    Zum Henker auch, der Grobian!
Er weicht mir aus auf Schritt und Tritt.
    (Laut.) Ich hoffe
Dass Eure Gattin nicht zu lang verweilt;
Die Herzogin vermisst sie ungern.
    (Für sich.) Gott verzeih' mir's!

     Malatesta.

Die gnäd'ge Herrin darf befehlen nur;
Ich steh' dafür, dem Rufe wird sie folgen.
Messires, gut Nacht!
    (Für sich.) Wie er zerschmettert steht!
Verflucht! Den alten Krieger meinte er
Zu prellen. Wähnt er wohl, dass mein Gepäck
Ich nicht zu decken wissen würde?
         [Malatesta ab.

     Manfredi.

Zum Teufel mit ihm! Mag das Ross auf dem
Er reitet, straucheln, und den Hals ihm brechen!
Oh, dies ist hart! Die Hand schon ausgestreckt,
Zieh' ich sie leer zurück. Ich möch'e fluchen!

     Torelli.

Und wenn ich eine Andre Euch anstatt
Ginevra,—schöner noch als sie,—verschaffte?

Die zu erbeuten kein solch Wagniss ist,
Und überdies Gelegenheit uns böte,
Vergeltung an Bertuccio auszuüben,
Die wir ihm alle reichlich schuldig sind!

Manfredi.

Was meint Ihr?

Torelli.

Rathet was Bertuccio zugestossen!

Ordelaffi.

Er ward gutmüthig.

Ascolti.

Ist den Höcker los.

Manfredi.

Er fand 'nen Affen hässlicher als er.

Torelli.

Nein, sonderbarer noch als alles dieses.
Er hat sich eine Liebste zugesellt.

[Alle lachen.

Manfredi (lachend).

Der Gräfin zahmer Pavian? Bertuccio
Hält eine Liebste sich?

Ascolti.

Dann ist sie blind?

Ordelaffi.

Und hat 'nen Höcker der zu seinem passt?

Manfredi.

Bertuccio eine Liebste! Ha! der Narr
Hat niemals noch so ries'gen Streich gemacht.

[Alle lachen.

Torelli.

Lacht wenn Ihr wollt; auf meine Ritterehre
'S ist wahr was ich Euch sag'; und sie ist schön.
Glaubt Ihr mir nicht—so kommt hier Serafino,
Er weiss davon.

Manfredi.

Er soll uns Rede stehen.

[Serafino Dell' Aquila tritt durch die Mitte auf.

Dem Dichter guten Abend—Ihr wacht noch!

Dell' Aquila (auf den Mond zeigend).

Ich warte Luna, meiner Herrin: Dichter
Und Nachtwandler sind ihr unterthan

Manfredi.

Ich preise
Sie glücklich.

Dell' Aquila.

Und weshalb?

Manfredi.

Weil jeden Monat
Sie ihre Herrin wechseln. Doch, es scheint,
Nicht nur der Dichter, auch der Hofnarr hält
Sich eine Herrin. Es schwört Torelli hier
Bertuccio habe eine, und Ihr wüsstet's.

Dell' Aquila.

Wohl hält er eine Maid in fester Haft,
Doch ob sie Tochter oder Weib——

Manfredi.

Was da!
Ein Schützchen ist sie! Doch was wisst Ihr mehr?
Wie habt Ihr es erfahr'n?

Dell' Aquila.

    Vor wenig Wochen,
Als ich zur Vesper kam nach San Costanza,
In Eure Hauskapelle, fiel mein Blick
Auf eine Jungfrau die vor jenem Bilde
Der Gottesmutter von Fra Filippo kniete.—
Wie schön war sie, von Andacht hingerissen!
Ich sag' Euch, Herr, gewaltsam drängt' es mich,
Auf meine Kniee mich zu werfen und
Zu flehen sie, in ihr Gebet mich einzuschliessen.
Oh, welche Augen! und die Stirn—gekrönt
Mit schweren Flechten! Ihrer Wangen Schnee,
Mit flücht'gem Roth gefärbt, gleich zartem Hauch
Des letzten Sonnenstrahls auf ferne Alpen!
Und über allem diesem lag ein Liebreiz,
Der tugendhaft und so jungfräulich rein
Wie ihr schneeweisser Schleier sie umfloss.
Als ihre Andacht sie geendet, stand
Ich auf, von ihrer Anmuth wie bezaubert,
Und folgte ihr bis an ein ärmlich Haus,
Wo ein sie trat, und dann verschwand!

      Manfredi.

War sie allein?

      Dell' Aquila.

    Nur eine brumm'ge Alte
Führt' in die Kirche sie, und wieder heim.

      Manfredi.

Ein schwacher Wolfshund für so selt'nes Lamm!

      Dell' Aquila.

Mir schien kein andrer Schutz von nöthen als
Die Unschuld, die aus ihren Augen sprach,
Die sie die Hände sittsam falten liess
Und ihrer kleinen Füsse Schritt regierte.

Manfredi.

Ihr spracht sie an?

Dell' Aquila.

Ich wagt' es nicht. Es schien
Die Zunge mir gelähmt. Ihr folgend, lauschte
Ich ihrer Stimme Klang. Das war genug.

Manfredi.

Befriedigt ist ein Dichter leicht. Ihr folgtet?

Dell' Aquila.

Und fand, dass ich der Einzige nicht war
Auf ihrer Spur. Es kamen ihrer Zwei noch,
Von denen Einer draussen blieb, wie ich,
Der Andre aber eintrat in das Haus.

Torelli.

Auf's Härchen wahr! Ich war's der draussen stand,
Der Dritte, und der Glücklichste, Bertuccio!

Manfredi.

Buckliger Heuchler!

Ordelaffi.

Der Rabe der am laut'sten
Gegen die Weiber krächzt!

Ascolti.

Seid Ihr auch sicher,
Dass es Bertuccio war?

Torelli.

Ich schwöre drauf.

Dell' Aquila.

Auch ich!

Ascolti.

Ihr erkanntet ihn?

Torelli.

An seinem Höcker,
Und seinem Gang; er geht ja wie ein Krebs,
Wer könnte ihn misskennen? Oh, ich hätte
Mich vor die Stirne schlagen können, dass ich
So dumm gewesen Weines eibes Aeusserem
Nur einmal zu vertrauen. Dell' Aquila
Ist meiner Ansicht nicht, ich weiss es wohl.

Dell' Aquila.

Mein Leben setz' auf ihre Reinheit ich;
Doch ist es ausser Zweifel, dass Bertuccio
Der Hüter des gefang'nen Vögleins ist.

Manfredi.

Das macht es ja zur Pflicht mir, ihren Käfig
Zu öffnen, ihrer Haft sie zu entziehen,
Und bess'rer Hut zu übergeben—ja,
Ich selbst biet' Schutz ihr dar, der Herr der Stadt;
Kein Andrer hält Gefang'ne hier, als ich.

Dell' Aquila.

Was wollt Ihr thun?

Manfredi.

Zuerst erkunden will ich,
Ob sie so schön, wie Ihr, Serafino, sagt;
Ist sie's, so bleib' ich aussen nicht and jage
Dem Schatten nach. Es mögen Dichter wohl
Mit Schatten sich begnügen, doch das Mädchen
Selbst will ich.

Torelli.

Für Bertuccio's Herrn taugt sie,
Nicht für Bertuccio. Wann soll's geschehen?

Manfredi.

Ein freier Mann bin morgen ich. Beim Schlag
Der Mitternacht findet Ihr hier Euch ein.

Dell' Aquila.

Ihr fügt kein Leid ihr zu? Wenn Ihr sie anschaut,
Bringt Ihr's nicht über's Herz der Maid zu schaden.

Manfredi.

Was nennt Ihr "schaden"? Ein so schönes Wesen
Der Wächterhut Bertuccio's zu entzieh'n?
Er schlug den Raub von Malatesta's Perle
Mir vor: nun mag er seine eigne wahren.

[Dell' Aquila geht in den Hintergrund.

Ordelaffi.

Wenn er sich widersetzt, so machen wir
Den Garaus ihm alsbald; dafür sorg' ich.

Manfredi.

Nicht doch! dem Schelm dürft Ihr nicht schaden; bissig
Ist er, doch witzig, und er macht mich lachen.
Nein, thut mir meinem Narren nichts: geschieht
Ihm Leid, habt Ihr's mit mir zu schaffen.

Torelli.

Ein schöner Spass wär's doch, ihm weiss zu machen,
Dass unser Plan noch Malatesta gilt,
Dass wir Ginevra noch entführen wollen.

Ordelaffi.

Bestellt ihn eine Meile weit hinweg,
Und lasst ihn harren dort, derweil den Käfig
Des zarten, schönen Täubchens wir erbrechen.

Ascolti (leise zu Manfredi).
Traut nicht dem Dichter. Wenn er uns verrieth?

Manfredi.
Er ist die Wahrheit selbst. Giebt er sein Wort,
Ist's sich'rer als des Mediciier's Schwur.

Ascolti.
So lasst ihn schwören.

Manfredi (laut zu Dell' Aquila).
Eure Hand darauf,
Ihr werdet unsern Spass uns nicht verderben,
Nicht an Bertuccio unsern Plan verrathen?

Dell' Aquila.
Oh, Herr, bedenket doch! wenn diese Jungfrau
Nun rein und keusch doch wäre, wie
In ihrem Antlitz es sich offenbart?

Manfredi.
Keusch oder nicht, Mensch! Haben muss ich sie!
Ihr Vortheil ist's. Ich kenn' die Weiber wohl;
Verschmachten thut in ihrem Kerker sie.
Ich schaffe solchem Vöglein schönern Käfig.
Die Hand darauf: kein Wörtchen an Bertuccio.

Dell' Aquila.
Ihr zwingt mich. Hier die Hand: kein Wörtchen sag'
Ich ihm.

Manfredi.
So spricht ein treuer Unterthan
Des blinden Gottes!
(Zu den Andern.) Auf ein Wort, Ihr Herrn!
[Sie sprechen zusammen.

Dell' Aquila (für sich).

Von dieser Schmach errett' ich sie, und büsst'
Ich d'rum mein Leben ein. Doch welches Band
Die Zwei zusammenknüpft, ich weiss es nicht;
So sanft sie, und so schön; er, so verrucht
Und bös—ein Hanswurst, der sein niedrig Amt
Verächtlicher noch macht, indem er reizt
Zur bösen That, die er doch stets verhöhnt.
Die Ehre setz' auf's Spiel ich, sie ist rein,
Und soll es bleiben, wenn ich retten kann!

[Dell' Aquila ab, L.

Manfredi.

Doch wie Bertuccio's Perle zu Gesicht
Bekommen? Denn nicht blindlings möcht' ich greifen.

Torelli.

Vertrauet mir, mein Herr! Ich bin kein Dichter.
Als ich bemerkte, dass solch ein Galan
Wie Euer Hofnarr eingelassen ward,
Da dacht' ich, dass es an der Zeit wohl sei,
Um ihre Gunst mich gleichfalls zu bewerben;
Sprach also an sie, da von San Costanza
Sie eines Tags nach Hause ging——

Manfredi.

                              Sie hörte
Euch an?

Torelli.

Just lang genug—die kleine Närrin—
Um meiner Rede Sinn zu fassen; dann
Entfloh sie hocherröthend; ich folgt' ihr,
Als, wie von Satan selbst gefügt, Ginevra
Des Weges kam, mit ihrer Dienerschaft,
Dem Täubchen Schutz gewährte und mir rein
Den Spass verdarb.

Manfredi.
Ihr gabt sie d'rum nicht auf?

Torelli.
Ich griff von einer andern Seite an;
Da ich die Herrin spröde fand, stellt' ich
Der Magd ein Netz. Oh, Himmel! Was für eine
Gorgone! Schwören möcht' ich, dass noch Keiner
Sich je um die beworben! Keine Spur
Von Sprödigkeit; es brauchte wenig Geld
Und ein'ge Schwüre, so bracht' ich's schon dahin,
Dass sie für Venus selbst, verkannt bisher,
Sich hielt, und mich als den gescheidt'sten Freier
In ganz Faenza pries. Es fordert wenig Kunst
Dass ich den Eintritt mir ins Haus gewinne,
Und einmal drin, Herr, werd' ich Mittel finden,
Auch Euch den Eingang zu verschaffen.

Manfredi.
Geht frisch an's Werk; seid morgen Abend hier
Bewaffnet und vermummt.

Ordelaffi.
Derweil der Narr,
Bertuccio, bei San Stefano, dicht an
Der Casa Malatesta uns erwartet.

Ascolti.
Hier ist er!

[Bertuccio tritt auf durch die Mitte. Manfredi steht in der Mitte, links von ihm Ascolti, rechts Torelli und Ordelaffi.

Bertuccio.
Wie! Noch nicht zur Ruh', Ihr Herrn?
Seit wann ist brüten über Kuckukseiern
Denn so schwer? Liess 'nen art'gen Sündenkeim

Ich doch zurück vor einer halben Stunde.
Es wär' wohl Zeit, dass er emporgeschossen.

Manfredi.

Er ist's; mit Flügeln, Pferdefuss und Schwanz
Versehen. Wenn Ginevra Malatesta
Die nächste Nacht in Guido's Haus verbringt,
So mögt Ihr einen Pfaffen getrost mich schelten,
Dem Wasser in den Adern fliesset.

Bertuccio.

Beschlossen ist's? Ha!

Torelli.

Geschworen haben wir
Die Schönste in Faenza zu entführen——

Ascolti.

Bevor dem Schlag der Mitternacht.

Ordelaffi.

Mein Plan
Ist, dass getrennt wir uns zur Stelle schleichen,
Sonst möchte Guido, wenn ein Trupp sich naht,
Wohl Arges wittern und den Plan vereiteln.

Bertuccio.

Ein guter Einfall, war es auch der Eure.
Ich that Euch Unrecht, Herrn; ich glaubt' Ihr gingt
Sogar der Sünde aus dem Weg, sobald
Gefahr damit verbunden sei. Doch ich
Gesteh' die That ist schwarz genug, um selbst
Torelli zur Tapferkeit, Ascolti hier
Zur Schlagbereitheit, Ordelaffi gar
Zum Witze hinzureissen. Der Ort?

Manfredi.

San Stefano.

Bertuccio.

Die Zeit?

Manfredi.

'Ne halbe Stunde nach der Vesper.
Dort erwart' uns. Meine Herrn, gut Nacht!
Die Nacht vergeht, und meine Hergogin
Wird meiner harren.

Alle.

Herr, gut Nacht!

[Manfredi ab.

Bertuccio.

Schlaft wohl,
Torelli! Träumet, dass in hitz'ger Schlacht
Voran Ihr wär't, der Tapferste von Allen!

Torelli.

Das träum' ich oft.

Bertuccio.

Natürlich; denn die Träume
Geh'n umgekehrt nur in Erfüllung. Ihr,
Ascolti, träumt, dass Ihr die Wahrheit redet,
Und, Ordelaffi, dass Ihr weise seid.

Torelli.

Und Du, dass Deine Beine schöngeformt,
Der Rücken g'rade.

Ascolti.

Und die Rede honigsüss.

Ordelaffi.

Kommt, meine Herrn! mag er sein Gift dem Monde
Entgegenspeien, wie's die Kröte thut!

[Torelli, Ascolti und Ordelaffi gehen ab, L. Bertuccio
bleibt allein zurück.

Bertuccio.

Nehmt meinen Fluch mit Euch, Ihr die Ihr Männer
Zu sein Euch rühmt, und doch nur grosse, dumme
Geschmeid'ge, falsche Puppen seid! Gespött
Und Hohn geh'n machtlos jetzt an mir vorüber;
Gefühl und Sinne sind gelähmt, denk' ich
Der Rache mein, die immer näherschreitend,
In meinen Adern mächtig schwillt, das Haupt
Mir stolz emporhebt, und mich furchtbar macht!
Oh, komm', du süsser, neuaufgeh'nder Tag,
Gieb' meines Feindes Herz mir in die Hand,
Dass ich's zernage!

VORHANG FÄLLT.

ZWEITER AUFZUG.

ERSTER AUFTRITT.

Ein Zimmer in Bertuccio's Haus. Die Wände sind mit Tapeten behangen, die eine kleine Wandnische und eine geheime Thür verbergen. Ein Fenster auf die Strasse, mit Balkon. Auf dem Tische eine Laute und Blumen. Eine brennende Lampe. Eine Uhr schlägt eine Viertelstunde. Torelli und Brigitte.

Brigitte.

Die Viertelstunde schlägt, nun müsst Ihr fort.

Torelli.

'Nen Augenblick noch, gönnt mir Eure Nähe!

Brigitte.

Sankt Ursula, die weiss, mein Wille ist
Es nicht, der fort Euch treibt; doch wenn
Mein Herr erführ', dass ich 'nen Mann ins Haus
Gelassen, brächt' er schier ums Leben mich.

Torelli.

Ein Grobian ist Eu'r Herr, der Eurer Jugend
Blüthe gar an dem Strauch verwelken liesse!

Brigitte.

Ja, freilich, Herr! Er macht aus diesem Haus
Den reinen Kerker. Hören sollet Ihr
Wie er auf Riegel, Barren, Vorlegschlösser,
Fortwährend loszieht, weil nicht fest genug

Sie für ihn sind. Es weiss der Himmel welch'
'Nen Schreck ich heute Morgen ausgestanden
Von wegen jenes Schlüssels; er verschliesst
Die Thür zur Stiege die auf die Strasse führt.

Torelli.

Gut, dass ich kam, als er Euch g'rad entfiel.

Brigitte.

Entfiel! Mein Herr, ein Beutelschneider nahm
Ihn mir, weil er mein Geld mir stehlen wollte.

Torelli.

Kein übeler Gedanke! Ich fand den Schlüssel
Wohl da, wo er ihn hingeworfen hatte.
Wie konnt' das Kleinod er auch ahnen, das
Der Schlüssel hier verschliesst!

Brigitte.

Wie kann ich's Euch
Vergelten, dass zurück Ihr ihn gebracht?

Torelli.

Vergönnt mir nur, dass ab und zu ich hier
In Eurer keuschen Nähe mich sonnen darf.

Brigitte.

Ach, süsser Herr!

Torelli.

Oh, göttliche Brigitte!

Brigitte.

Doch nun, lebt wohl! Die Vesper ist vorbei;
Die Herrin harrt, sie ist so furchtsam immer.

Torelli.

Als wären ihre unerblühten Reize
Des Schutzes wohl bedürftig, wenn Eure reif're
Schönheit sich ungefährdet zeigen darf?

Brigitte.

Ein armes, thöricht Ding bin ich! Gott weiss
Wie gar gewagt es ist, Euch einzulassen.

Torelli.

Ich wollte wetten, dass ein Winkel hier
Wohl wäre, wo Ihr mich schnell verstecken könntet;
Käm' unverhofft der Herr.

Brigitte.

    Ich wüsst' von Keinem,
Es sei denn hier, seht! hinter der Tapete.

[Sie hebt die Tapete, und zeigt eine Nische.

Da ist ein Guckloch auch, wo Ihr könnt schauen
Ob rein die Luft!

Torelli (für sich).

   Für Zweie ist hier Raum.
(Laut.) Brigitte!

Brigitte.

Herr!

Torelli.

   Wenn nun in dies Versteck
Schon Andre Ihr, vor mir, verbargt?

Brigitte.

     Ich schwöre
Bei den elf tausend Jungfrau'n——

Torelli.

Nein, nicht doch!
Zehn tausend und neun hundert neun und neunzig
Entbehr' ich gern, so Euer keusches Selbst
Zum Zeugen Ihr anruft.

Brigitte.

Du güt'ger Himmel!
Dass nach so vielen Jahren man mir misstraut.

Torelli.

Verzeiht der Liebe Eifersucht; ein Kuss
Soll das Gedächtniss meiner Schuld verwischen.
(Für sich.) Wozu den Menschen sein gegebnes Wort
Nicht zwingt! [Küsst sie.

Brigitte (für sich).

Wie süss sind seine Lippen!
(Laut.) Geht nun,
Wenn Ihr mich lieb habt, Herr!

Torelli.

Brigitte, "wenn"?
Für Euch ging' ich ins Reich der Finsterniss!
Leb' wohl, erblühte Rose hold! die Knospe
Preise wer da will; ich lobe mir die volle,
Die aufgeblühte Centifolie!

Brigitte.

Ihr Heiligen, wie schön sind seine Worte.
Hier, süsser Herr, durch die geheime Thür;
[Nimmt einen Schlüssel vom Gürtel.
Der Schlüssel öffnet sie, den Ihr gefunden,
Und mir gebracht. [Oeffnet eine geheime Thür in der Nische.

Torelli.

(Für sich ; zieht einen zweiten Schlüssel aus seiner Tasche.)
Sonst hätt' ich ihn Dir nicht
Entwendet, und diesen Gleichen schmieden lassen!

Brigitte (nimmt die Lampe).

Ich leucht' Euch und verschliesse dann die Thür!
Verwahrt ist besser als beklagt.

Torelli.

Gut Nacht, oh, süsses Frauenbild! Mein Herz
Lass' ich als Pfand zurück!
(Für sich.) Und nun zum Herzog!

[Brigitte hält die Thür offen. Torelli ab. Sie leuchtet
ihm, und verschliesst dann die Thüre.

Brigitte.

Fort ist das liebe Angesicht! Was Einem
Zu Liebe doch das Männervolk nicht wagt!
Doch freilich, wir armen schwachen Weiber auch!
Oh, weh, wenn unser Herr es wüsst! Zum Glück
Ist San Costanza nah, sonst bangte mir.
Faenza steckt ja voll Galane. Ja!
Wer wüsste, was mir armen Jungfer könnt'
Auf offner Strass' passiren, wo nichts mich schützt
Als meine Unschuld. [Ab, R.

[Sobald sie fort, treten Torelli und Manfredi durch die
geheime Thüre auf.

Torelli.

Hierher, mein Herr; die Drachin ist von hinnen.

Manfredi.

'S war Zeit; des langen Wartens bin ich müde.

Torelli.

Ihr wart , um wenigsten allein. Stellt Euch

Mein Schicksal vor, der ich genöthigt war,
Mit dieser alten Jungfer hier zu liebeln;
Ich wollt' es wäre umgekehrt gewesen.
Ja, gnäd'ger Herr, und küssen musst' ich sie!
Pfui! krieg' ich je den Knoblauch aus dem Barte?
Doch sind wir in des schönen Vögleins Käfig.
Wir müssen uns verstecken; gleich sind sie da.
Schon eh' wir kamen, war die Vesper aus.

Manfredi.

Hier wär' ich, Dank dem falschen Schlüssel. Doch
Kaum war es nöthig, dass Ihr den Plan ersannt.
Auch ohne seidne Leiter hab' ich Altane
Erklettert die weit gefährlicher noch waren.

[Sieht sich im Zimmer um.

Ein Messbuch also, eine Laute, Blumen!
Dies deutet mehr auf ein sittsam Mädchen, denn
Auf eine Courtesane. Desto besser.
Ich möcht' die Jungfrau schau'n. Ist sie so schön
Wie Serafino sagt?

Torelli.

Auf meine Treu',
So schön, dass man ihr mehr Sonnette könnt'
Verzeih'n, als je Petrarca hat für die
Geliebte Laura 'rausgedroschen. Glaubet,
Verführerisch bis in die Fingerspitzen
Ist sie — ein Muster ros'ger Jugendblüthe.
Ich staune drob, dass ich — und sei's für Euch, —
Dies Liebesabenteuer fahren liess.
Doch steht die Treue höher mir als Liebe.

Manfredi.

Die Treue werd' ich Euch zu lohnen wissen;
Doch wo ist das Versteck?

Torelli (hebt die Tapete auf).

     Hier, hinter der Tapete.
Die alte Hexe zeigte mir's soeben.
Des Raums genug; ein Guckloch auch für Lauscher.
Doch still, sie kommen, Herr—nur schnell hinein.

  [Sie verstecken sich hinter der Tapete. Fiordelisa und
    Brigitte treten R. auf.

      Brigitte.
Und auch heut' Abend war er da?

      Fiordelisa.
       Ja wohl!
Geweihtes Wasser bot er dar mir, als
Die Kirche ich betrat. Ach, wie zittert' ich,
Brigitte, als unsre Hände sich berührten;
Er hätt' es merken können, wenn seine Hand
Nicht auch gezittert.

      Brigitte.
    So? Ein dreister Geck
Ist er, ich bürg' dafür, und alles nur
Erheuchelt. Was wohl der Herr nur sagen würde
Wenn er es wüsste was hier Schön's geschieht!

      Fiordelisa.
Das ist es was mich traurig macht. So gütig ist
Mein Vater stets, dass es mir wehe thut
Das Kleinste auch vor ihm geheim zu halten;
Ich möcht' so gern ihm alles eingestehen;
Und fürchte doch, er würd' den Kirchgang mir
Verwehren. Wie trübselig ist es, hier
Den lieben, langen Tag allein zu sitzen:
Von früh bis spät dem heitern Treiben drunten,
Den Jubeltönen festlich froher Menschen
Zu lauschen, die aus- und eingeh'n wie sie mögen.

Sieh' Dir die Vögel unterm Himmel an,
Brigitte, frei schwingen sie sich in die Luft:
Und nehmen keinen Schaden; doch gewiss
Sind sie unschuldig! Manchmal hör' ich auch
Trompetenstoss, wenn Ritter zieh'n des Wegs,
Und Schritte schwer Bewaffneter, und auch
Den Klang der Laute—Horch! das ist sie wider!

[Lautenspiel aussen.

Ist seine Laute! Diese Weise kenn' ich;
Wie süss! Brigittchen, thät' ich Unrecht wohl
Wenn ich die meine rührte—nur ganz leise—
Um ihm zu sagen, dass ich lausche?

Brigitte.

Himmel!
Wie seid Ihr dreist geworden! Die Laute muss
Ich Euch verschliessen. Oh, Ihr Mädchen, Mädchen!
Verbannt man von der Gasse Euch, so giebt's
Doch in der Kirch' was anzuzetteln. Heisst
Man schweigen Euch, spricht statt der Zung' die Fidel.
Viel lieber wollt' vom Rahm den Kater ich
Verscheuchen, als von einem Mädchen die
Galane.

[Die Laute schweigt.

Fiordelisa.

Aber herzige Brigitte,
Der Herr ist kein Galan.

Brigitte.

Wie wisst Ihr das?

Fiordelisa.

Er redet nie mich an, lässt kaum den Blick
Zu mir herüberschweifen, oder senkt
So schleunig ihn wie ich den meinen, und

Wenn ja die Augen sich begegnen, seh'
Ich ihn erröthen; so ganz anders, als
Der rohe Mensch, der auf mich eindrang neulich,
Mit solchen Blicken, solchen Reden, dass
Vor Scham ich glühte—Gräfin Malatesta,
Die güt'ge Herrin, hat, wie Du es weisst,
Mich damals kaum beschützen können.

Brigitte.

          Possen!
Man fängt die Vögel auf verschiedne Art.
Den Finkler lobe ich mir der die Beute
Sich einfängt ohne sie zu schrecken. Doch
Jetzt muss ich geh'n, das Nachtmahl zu bereiten.
Bald ist Eu'r Vater hier.
              [Ab, L.

Fiordelisa.

      Der liebe Vater!
Wär' er nur hier und hielt mich fest umschlungen,
Den Kopf wollt' ich an seinen Busen schmiegen.—
Dann wüsst' ich, dass es Jemand giebt, den zu lieben
Mir nicht verboten ist.
           [Lautenspiel aussen.

    Horch! wenn die Klänge
Ich doch erwiedern dürfte! Oh, wie traurig
Ist's draussen ihm im Finstern wohl zu Muthe;
Er weiss ja nicht, ob ich hier lausche.
     [Nimmt ihre Laute, und legt sie wieder weg.

           Nein!
Dem Vater wär's nicht lieb; 's ist schlimm genug
Nur eine Lust mit ihm nicht theilen dürfen;
Doch kann es Unrecht nicht, zu lauschen sein.
Heut' meint' ich, dass er mit mir reden wolle,
Da kam Brigitte, und er wich zurück;

Es freut mich, dass er's nicht gethan, und doch
Thut's mir auch leid ; nur einmal möcht' den Klang
Von seiner Stimme ich vernehmen. Nachts
Erscheint er mir im Traume wohl, doch spricht
Er nie—gewiss klingt süss und linde sie.

[Lautenspiel hört auf.

Die Laute schweigt. Dürft' ich wohl meine rühren,
Nun, da er fort. Ans Fenster darf ich mich
Nicht wagen! Doch gewiss ist er nun fort.

[Nimmt ihre Laute und singt.

Manfredi (hebt die Tapete leise).

Ja, zehnmal schöner ist sie als Ginevra!

Torelli (leise, hält ihn zurück).

Oh, Herr, noch nicht!

Manfredi (leise).

Lasst mich zu ihr!

Torelli (leise).

Herr! Herr!
Bertuccio kommt! Schnell in das Schlupfloch wieder!

[Bertuccio kommt zur Thüre R. herein. Sein Kleid ist
schlicht und seine Haltung würdig. Er bleibt an der
Thür stehen und schaut Fiordelisa zärtlich an, dann tritt
er leise vor.

Bertuccio.

Mein einz'ges Kind!

Fiordelisa.

(Wendet sich plötzlich um und fliegt ihm in die Arme.)

Mein Vater!

Bertuccio.

Fester, fester!
Lass' Deine weichen Arme um den Hals
Mich fühlen, diese liebe Wa g' am Herzen,—
Nein, bleibe so, wie thut mir das doch wohl!
So glücklich bin ich jetzt, dass die Minute
Mir Jahre aufwiegt.

Fiordelisa.

Einz'ger Vater mein!

Bertuccio.

Schau' mir ins Antlitz, Herzenskind. Du scheinst
Mit jedem Tag nur schöner noch zu werden!
Bist glücklich hier? Hast alles was Dein Herz
Begehrt? Die Laute, Deine Blumen? Liebst
Den alten Vater? Segen über Dich.
Ich weiss Du liebst mich, aber sag' mir's doch.

[Bertuccio setzt sich, Fiordelisa kniet neben ihm.

Fiordelisa.

Ich liebe Dich! Ja, lieb' Dich unausprechlich!
Ich bin so glücklich, wenn Du hier verweilst.
Warum kommst immer Du so spät und geh'st
So früh? Warum bleibst Du nicht lieber hier?

Bertuccio.

Warum nicht? Ja! könnt' ich es nur! Könnt' weilen
Wo nicht Gespött und Höhnen man vernimmt,
Wo harmlos Lachen nur erschallt und wo
Der Lust ein bitt'rer Nachgeschmack nicht folgt!

Fiordelisa.

Nun bist Du trübgelaunt! Der düst're Schatten
Umflort die Stirn Dir wieder; Du versprachst

Er sollte niemals wiederkehren, wenn
Beisammen wir; denn bist Du traurig, bin
Ich's auch!

Bertuccio.

Mein Goldkind! Oh, vergieb der Selbstsucht,
Die düsteren Gedanken Raum gewährt,
Wo Deiner Stimme süsser Ton vermag
Zu scheuchen sie, wie Kirchenglockenklang
Die bösen Geister forttreibt und verbannt.

Fiordelisa.

Ja! wüsst' ich nur, was Dich so traurig macht,
So könnt' ich trösten, doch ich weiss nicht einmal
Wie Du Dich nennst.

Bertuccio.

Für Dich hab' keinen Namen
Als "Vater" ich.

Fiordelisa.

Im Kloster zu Cesena,
Wo ich erzogen wurde, nannten sie
Mich eine Waise. Todt glaubt' ich den Vater.
Da kamst Du—und niemand brauchte mir's
Zu sagen, dass ich einen Vater hatte,
Es sagte mir's das eigne Herz.

Bertuccio.

Wie oft
Kommt's in den Sinn mir, dass ich wohlgethan,
Dich in dem friedlich stillen Kloster dort
Zu lassen! Doch es ward mir gar zu schwer—
Es war das öde Herz der Sehnsucht voll
Nach meinem Kinde, nach den lieben Augen
In deren Blick ich nicht Verachtung lese,

Der Stimme in deren Tönen Zärtlichkeit
Und Ehrfurcht liegen—ja, sogar für mich!
Mein Täubchen, mein holder Engel, der des Lebens
Allein'ge Stütze Du mir bist!—oh! Gott!
Wie dank' ich Dir für solche Gabe!

[Er weint.

Fiordelisa.

Vater!
Du weinst—oh, weine nicht mein Vater, ich
Kann's nicht ertragen, dass Du weinst.

Bertuccio.

Lass' nur!
'S ist besser so, als lachen mich zu sehen.

Fiordelisa.

Wie so? Du sagst, dass glücklich Du hier seist,
Und weinst doch jedesmal so bitt're Thränen.
Ich weine mit, und weiss doch nicht warum.
Was macht so traurig Dich? Oh, sag' es mir!

Bertuccio.

Ich kann es nicht. In diesem Hause hier
Bin ich Dein Vater; was ich draussen bin
Frommt es mir nicht zu sagen; gehasst vielleicht
Bin ich; beneidet; gefürchtet, will ich hoffen,
Auch wohl verachtet gar;—geliebt, von Keinem.
Hier, wo allein die Unschuld wohnt auf Erden,
Möcht' ich Dir nur der Vater sein, den Du
Liebst und in Ehren hältst.

Fiordelisa.

Das thu' ich, Vater.

Bertuccio.

Ich liebe Dich mit einer Liebe die
So gross wie all der Hass, den ich allein
Für Dich nicht hege.—Komm', sitz' neben mir,
Leg' Deine reine weisse Hand in meine
Und sag' mir immer nur von neuem wieder:
"Ich liebe Dich—ich liebe Dich"—nichts weiter.
Und lächle mich an—Dein Lächeln ist so süss!
So hat mich Deine Mutter angelächelt.
Oh, Gott! ich kann es nicht ertragen. Nein,
Lächle nicht, es weckt Erinnerungen die
Mein Herz zerreissen. Sieh' mich nicht an wie Deine
Mutter—sonst treibt es noch zum Wahnsinn mich!

Fiordelisa.

Die Mutter!—oh, erzähl' von ihr!

Bertuccio.

Nein! nein!

Fiordelisa.

Sie starb?

Bertuccio.

Ja.

Fiordelisa.

Du warst bei ihr, als sie starb?

Bertuccio.

Nein! Lass' die Todten ruh'n; sprich von Dir selbst,
Von Deinem Leben hier. Du achtest doch
Auf mein Gebot, bei Tag nicht auszugehen,
Dem Fenster nicht zu nah'n?

Fiordelisa.

Ja, Vater. Doch
Du nimmst mich einmal mit, die Stadt zu seh'n,
Nicht wahr? Gar einsam ist's, und trübe hier.

Bertuccio.

Du geh'st nicht etwa aus?

Fiordelisa.

Zur Vesper nur;
Das durft' ich, sagtest Du, begleitet von
Brigitte. Allein geh' nie ich hin und her.

Bertuccio.

Recht so! es ist mir leid, dass abgeschlossen
Hier von der Welt Du, einsam leben musst;
Doch wüsstest Du, wie hier die Luft verpestet,
Das Laster frei einhergeht, und der Unschuld
Nachstellt—die Schönheit nur ein Köder ist
Für dreist Gelüste—es hat doch auch kein Mann
Dich angesprochen?

Fiordelisa.

Einer nur.

Bertuccio.

Ha! wer?

Fiordelisa.

Ich weiss es nicht; ich konnt's nicht wehren.

Bertuccio.

Du gabst
Ihm Antwort?

Fiordelisa.

Ich entfloh.

Bertuccio.

Er folgte Dir?

Fiordelisa.

Bis eine hohe Frau mir Schutz gewährte
Und ihr Gefolge mich nach Hause brachte.
Oh, Vater, wüsstest Du, wie gut sie war,
Wie sanft sie mich beschwichtigt,—denn mein Schreck
War gross—Du liebtest sie.

Bertuccio.

Ihr Name, sag'!

Fiordelisa.

Ich bat um ihn, damit in mein Gebet
Ich ihn einschliessen könne, und auch Du
Für sie, die güt'ge Dame, beten mögest.

Bertuccio (für sich).

Beten—ich! (Laut.) Ihr Name?

Fiordelisa.

Gräfin Malatesta,

Bertuccio.

Graf Malatesta's Weib beschützt mein Kind!

[Fiordelisa erschrickt über seinen heftigen Ton.

Du sah'st sie nicht seitdem?

Fiordelisa.

Nein; ob sie gleich
Mich dringend bat, bei ihr mich einzufinden.
Sie frug mich wie ich hiess, und wer die Eltern.

Bertuccio.

Du sagtest ihr——?

Fiordelisa.

Wer meine Eltern sind?
Wie konnt' ich es, wenn ich's nicht wissen darf?

Bertuccio.

Geduld, mein Kind, trau' meiner Vaterliebe:
Ich habe Grund für all dies Heimlichthun.
Vielleicht kommt einst die Zeit, wo wir in Frieden
Beisammen leben, unter freiem Himmel
Frei mit einander wandeln können: doch
Nicht hier der Ort—nicht dies die Zeit!

Fiordelisa.

Oh, wann?
Wann kommt die Zeit?

Bertuccio.

Wenn meines Lebens Ziel
Errungen ist!

Fiordelisa.

Dein Lebensziel?

Bertuccio (steht auf und geht nach R.).

Die Rache!

Fiordelisa.

Dein Blick erschreckt mich, Vater!

Bertuccio.

Hör' mich an;
Du frugst nach Deiner Mutter. 'S ist Zeit, dass Du
Erfährst weshalb solch' Fragen jedesmal
Mich auf die Folter spannt. Blick' auf mich, Kind,
Gestaltet wie ich bin, gab's Eine doch
Die mich vor Jahren hat geliebt, vielleicht

Aus Mitleid nur, weil ich verhöhnt und arm:
Die Mutter war's!—so rein, so hold wie Du!
Ich lebte in Cesena, war Notar,
Ein schlichtes Leben führten wir, doch, ach!
Wie glücklich. In der Wiege lagest Du:
Gar manches freien Abends sass ich dann
Mit Deiner Mutter Hand in Hand, und beide
Erfreute uns Dein holdes Kindeslächeln,
Und schöne Bilder künft'ger Zeiten malte
Die Phantasie uns vor.

Fiordelisa.
Weh' mir! sie starb!

Bertuccio.

Starb! Mancher Tod ist dem Gedächtniss trostvoll,
Der ihre ist es nicht. Ein Dämon trat
In unser stilles Leben ein, gereizt
Von ihrer Schönheit; verächtlich wies zurück
Sie ihn,—doch er, ein mächt'ger Edelmann,
Entführt' sie mit Gewalt, und von der Stund'
Sah ich sie nimmer:—Kunde kam zu mir
Sie sei gestorben.

Fiordelisa.
Wehe!

Bertuccio.

Mein Verstand
Verliess mich Jahre lang, und als zuletzt
Er wiederkehrte—wenn er's je gethan—
So kam mit ihm das immer rege Streben,
Das mich seitdem beherrscht—der Durst nach Rache—
Zu rächen sie an dem Verderber und
An allen, die zu seines Gleichen zählen!

Fiordelisa.

Vater! mit Dir zu rechten, gebührt mir nicht:
Bedenke aber—Gott allein gehört
Die Rache: masse Dir nicht an, was Sein!

Bertuccio.

Dem Hungernden gebiet' Enthaltsamkeit;
Dem armen Wicht von Durst gefoltert, sage,
Es laure Tod im dargebotnen Trunk;
Doch meine Rache, lass' sie mir. Nichts mehr!
Weshalb ich Dich so fest verwahre, weisst
Du nun. Weshalb ich von der Strasse Dich verbanne,
Dich vor den Blicken und der Zunge böser,
Verruchter Männer schütze—denn verrucht
Sind alle Männer heutzutag—ist, weil
Ich fürchte Dich, wie Deine Mutter zu
Verlieren.

Fiordelisa.

Vater, ich will für sie beten!

Bertuccio.

Thu' das; und auch für mich. Gut Nacht!

Fiordelisa.

Oh, nicht so früh; mit diesen schweren, trüben,
Bittern Gedanken lass' mich nicht allein.
Der Liebe mein bedarfst Du. Lass' zur Laute
Ein Lied mich für Dich singen, denn Du weisst
Musik verjagt die bösen, finstern Engel.

Bertuccio.

Ich muss von hinnen: ernst Geschäft ruft mich.
(Für sich.) 'S ist Zeit dass ich auf meinem Posten wär'.
(Laut.) Mein Engelskind, ruh' wohl im Schlaf der Unschuld.
Gut Nacht! Gut Nacht!

Fiordelisa.

Lass bis zur äussern Thür mich Dich geleiten.

Bertuccio.

Doch weiter keinen Schritt. Gott schütz' dies Haus,
Dass meine holde Knospe hier gedeihe;
Vor jedem Gifthauch, jedem heillos, bösen
Unheil'gen Wort und Blick behütet, Ihm
Geweiht nur sei und meiner Vaterliebe!

[Bertuccio und Fiordelisa ab, R. Manfredi und Torelli treten vor.

Manfredi.

Sein Kind! Wie konnte solchem krummen und
Verwachsnen Stamm solch holde Blüthe nur
Entspriessen?

Torelli.

Doch Ihr hörtet wohl, wie Rache
Er unserm ganzen Stande schwur?

Manfredi.

Bei Gott!
'S ist Guido Malatesta, der ihm hat
Den dreisten Streich gespielt, von dem er sprach.
Cesena war der Ort; die Zeit auch trifft.
Deswegen hetzt er auf die Gräfin mich.
Soll ich das Werkzeug seiner Rache sein?
Ich will dem niedern Sklaven es verleiden,
Sich gegen Edelleute zu vergehen.

Torelli (horcht).

Ha! was ist das?

Manfredi.

Am Fenster draussen ist's!

Torelli.

Bei Bacchus! am Altan empor klimmt Einer!

Manfredi.

Ein Galan etwa?

Torelli.

Hinein, Herr, wartet's ab!

Manfredi.

Doch soll er mir zuvor nicht kommen.

Torelli.

Zeit
Genug bleibt Euch.

[Sie ziehen sich zurück. Dell' Aquila tritt durch das Fenster ein.

Dell' Aquila.

Vergebung, holder Engel,
Dass ich Dein Heiligthum entweih'! Soeben
Sah ich Bertuccio aus dem Hause kommen;
So dicht ging er an mir vorbei, er hätt'
Beinahe mich geseh'n. Doch gab ich ja
Mein Wort, ihr schnödes Unternehmen ihm
Nicht zu verrathen. Dieser Weg blieb mir
Allein, um sie zu warnen. Horch! sie kommt!

[Fiordelisa tritt ein.

Fiordelisa.

Du Tröster der Betrübten, tröste ihn!
Bekehre seine Rachsucht, lehre ihm
Ergebung und gewähre, dass allmälig
Die Stelle meiner Mutter in seinem Herzen
Zu füllen ich vermöge. Er ist fort!
Und nicht den Muth hab' ich gehabt, des Herren

Der meinen Schritten folget, zu erwähnen.
Er frug mich, ob mich Jemand angesprochen.
Die Wahrheit sagt' ich ihm: nie hauchte er
Ein Wort.
         [Erblickt Dell' Aquila.
  Ach! hilf, Brigitte, hilf!

     Dell' Aquila.
        Still, still!
Habt keine Furcht; nicht Euch zu schaden bin
Ich hier erschienen; zittert nicht. Eh'r stürb'
Ich, denn ein Leid Euch zuzufügen.

     Fiordelisa.
        Herr,
Wie aber kamt Ihr hier herein?

     Dell' Aquila.
       Durch's Fenster.
Kein andrer Weg blieb übrig mir. Wo schnell
Geholfen werden muss, da wagt man Alles.
Habt keine Furcht—zu tief verehr' ich Euch—
Um jetzt in Liebe Euch zu nahen, Euch
Zu sagen, wie Eu'r Antlitz mir seit Monden
Ein Leitstern war. So gross ist meine Liebe,
Dass an das Licht sie nie gewagt sich hätte,
Ständ' Euer Glück und Heil nicht auf dem Spiele.
Dies macht allein mich kühn.

     Fiordelisa.
     Mein Heil?

     Dell' Aquila.
        Ist schwer
Gefährdet. Ja, wie wär' es möglich, dass,
Wer schön wie Ihr, hier in Faenza könnte

Unangefochten selbst zum Beten geh'n?
Bemerket hat man Euch, von Eurer Schönheit
Bei Hofe sich ins Ohr geraunt:—nun will
Heut' Nacht man Euch entführen—Euren Altan
Erklimmen.

      Fiordelisa.
 Oh, Vater!

      Dell' Aquila.
      Er kann nicht retten hier!
Ein Schwächling ist er, wo Banditen helfen,
Wie sie bei seinen Uebelthaten stets
Dem Herzog zu Gebote steh'n. Mehr werth
Als jede Hilfe Eures Vaters sind
Mein Arm und Schwert. Sie steh'n Euch ganz zu Diensten.
Doch was vermöchten sie? Für Euch sterben könnt' ich—
Euch retten nicht!

      Fiordelisa.
  Was soll ich Arme thun?

      Dell' Aquila.
Habt keine Freunde Ihr, die Euch beschützten?

      Fiordelisa.
Ach! eine Fremde bin ich!

      Dell' Aquila.
    Kennet Niemand?

      Fiordelisa.
Ja! wenn die Gräfin Malatesta——

      Dell' Aquila.
       Wie?
Ihr kennt sie?

Fiordelisa.

Einst beschirmte sie mich, da
Ein roher Mensch mir Schimpf und Schande bot,
Versprach mir Hilfe sollt' ich deren brauchen.

Dell' Aquila.

Man nennt sie gut und edel, und sie hat Macht:
Das ist das Wichtigste. Flieht zu ihr rasch,
Es ist die höchste Zeit. Die Mitternacht
Ist festgesetzt für den verruchten Plan.

Fiordelisa.

Wie aber soll das Haus ich finden? Dunkel
Sind längst die Strassen, und gefährlich. Nur
Brigitte, unsre Dienerin——

Dell' Aquila.

Sagt ihr
Kein Wort. Sie ist Euch treulos. Wollt Ihr mir
Vertrauen, führ' ich Euch zur Gräfin hin.

. Fiordelisa (für sich).

Wär' dies wohl eine List?

Dell' Aquila.

Ihr traut mir nicht;
Ich weiss recht wohl, dass guten Grund Ihr habt,
Ohn' Unterschied den Männern zu misstrauen;
Oh! könnte ich mein Herz Euch offenbaren,
Ihr schautet drinnen Euer Bild, wie es
Von heiligsten Gedanken nur umgeben,
Den theuren Zügen meiner Mutter eng
Gesellet ist! Wenn Wahrheit reden, aus
Den Augen sprechen könnte, Ihr würdet sicher
Mir trauen. Schwüre taugen nichts. Wer Euch
Verrathen könnte, würde sich nicht scheuen

Verräther an Gott und allen Heiligen
Zu werden. Glaubt, wahr ist's, was ich gesagt!
Dass Euch der Himmel lenke mir zu trauen;
Wenn nicht, so bleib' ich hier und sterbe mit
Und für Euch!

Fiordelisa.

Ich vertraue Euch; und Gott
Vergelt's, was heut' Ihr an mir thut. So kommt,
Geleitet mich zur Gräfin Malatesta;
Erflehen will ich Schutz für diese Nacht,
Der Morgen schafft dann für die Zukunft Rath.

Dell' Aquila.

Oh, Dank, dass Ihr mir trauet! Kommt, thut leise:
Rasch werft den Schleier über. Fürchtet nicht:
Beschützer, Sklave, Wächter bin ich Euch.
Kein Lohn sei mein, kein Blick sei mir gewährt!
Genug für mich, dass ich Euch retten kann!

[Fiordelisa und Dell' Aquila ab, R.

Manfredi.
(Tritt eilig aus der Nische hervor, Torelli folgt.)

Was hieltet Ihr mich fest? Gescheitert nun
Ist unser Plan, und jener Mondsüchtige
Trägt unsern Preis davon. Genarrt bin ich.

Torelli.

Nicht doch! mein nüchterner Verstand schafft Rath.
Ich folge ihnen auf dem Fuss. Der Alte
Wird Schutz ihr nicht versagen.

Manfredi.
Wo er allein?

Torelli.

Und wenn nun auch die Gräfin nicht daheim?
Der alte Raufbold kann auch höflich sein,
Wenn's um ein hübsch Gesicht sich handelt.

Manfredi.

        Thut er's,
Erstürm' ich ihm das Haus, erstürm' ich's Jedem,
Der sich so dreist erkühnt, von dem was mir
Vergnügen macht, mich abzusperren!

Torelli.
          Gut!
So wird die Rache doppelt süss, die an
Bertuccio wir nehmen. Unser Sinn
Stand nur dahin den gift'gen Schurken uns
Vom Hals zu schaffen, bis wir sein Vöglein fingen;
Nun soll er selbst beim Fang behülflich sein.
Er soll uns Guido's Altan stürmen sehen,
Doch sie, die wir dort rauben, und vermummt,
Mit wohl verstopftem Mund davon dann tragen,
Sei unsres höhn'schen Narren eigne Tochter.

Manfredi.

'Ne prächt'ge Rache! Und so dürften mein
Verrückter Dichter und verdammter Narr
Sich mit einander wohl zu trösten haben.
Verfolgt sie unverzüglich; ich inzwischen
Such unsre Freunde auf, und hole mir
Bertuccio bei San Stefano.

    [Manfredi ab, durch geheime Thüre. Torelli ab, R.

Zweiter Auftritt.

Nacht. Strasse in Faenza. Es schlägt neun Uhr.

Bertuccio.

Die Stunde hat geschlagen, zu der ich sie
Erwarten sollte. Pünktlich pflegen sie
Bei einem Schurkenstreich sich einzustellen.
Mir that es noth, was man an mir gefrevelt,
Lebendig ins Gedächtniss mir zu rufen,
Sonst hätte meines Kindes Engelsantlitz,
Ihr schuldlos Mahnen, an meinem Vorsatz gar
Gerüttelt. Also Malatesta's Weib
Hat sie beschützt! Wär' das nur ungescheh'n!
Doch was verschlägt ein kleiner Dienst, wo solch
Gewalt'ge Schuld zu sühnen ist! Hieran
Nur will ich denken! Ja, zu menschlich regt's
Im Herzen sich, bin ich bei meinem Kinde;
Mir fehlt der Stachel höfischen Gespötts,
Der mir den Durst nach Rache schärft. Bei ihr
Darf weinen ich—bei Jenen muss ich lachen,
Muss äffen, witzeln, und Gesichter schnitzen,
Zu hohlem Lachen reizen. Freilich, wie
Ein Affe bin ich bissig auch zuweilen.
Selbst das dünkt ihnen lustig! Ach, Ihr Herrn
Von Gottes Gnaden, von schmucker, glatter Zunge!
Wenn Ihr ihn sähet, diesen Hass der innen
Hier unter diesen bunten Lappen wühlt
Und gährt, die Bitterkeit, die meinen Witz
Mir schärft, und hinter meinem Lachen grinzt,
Erschrecken würdet Ihr, ein Schauder Euch
Ergreifen beim Becherklang, und schnell ein Kreuz
Schlügt Ihr, als wär' der Teufel hinter Euch.
Ist meine Rache erst vollbracht, will ich
Die Kette sprengen, nie will ich den Narr'n
Mehr spielen, will was mir vom Leben bleibt,

Dem Angedenken der Verlor'nen weih'n,
Und ihr die mir geblieben!

[Manfredi, Ascolti und Ordelaffi treten auf L., vermummt, und in Mäntel gehüllt.

Manfredi.

St! Bertuccio!

Bertuccio.

Da bin ich schon, Gevatter Galeotto!
Du bist recht pünktlich; und Ascolti auch.
Gestrenger Florentiner, Ihr sollt seh'n
Mit welcher Münze die Cavaliere von
Faenza einem Graubart zahlen, der
Ein schönes Weib heimführt. Doch schaut, mich dünkt
Ergraut ist Euer Bart, d'rum hütet Euch.

Ascolti.

Ich werd's mir merken. Sind die Leitern hier?

Bertuccio.

Die Diener warten dort mit ihnen. Doch,
Wo ist Torelli? Wir bedürfen seiner.

Ordelaffi.

Ah bah! genug der Schwerter——

Bertuccio.

Dass Gott erbarm!
Wer brauchte auch Torelli's Schwert?

Ordelaffi.

Was sonst?

Bertuccio.

Die feine Nase die Gefahr aufspürt.
Hängt Euch an seinen Rock, so seid Ihr sicher.

[Alle lachen.

Vielleicht, dass Püffe er gewittert hat,
Und stracks zu Bett gegangen ist.

Manfredi.

Nur fort
Nach Malatesta's Haus, dort sollten wir
Ihn finden. Du, Erznarr, sollst uns recht schön
Die Leiter halten, und dass Du keinen Streich
Uns heute etwa spielst: Du kennst die Peitsche!

Bertuccio.

Sei ohne Furcht, grossherziger Gevatter;
Thu'st Du Dein Theil so gut wie ich das meine,
Werd' ich zufrieden sein. Die Gräfin schläft
Im Zimmer, wo die Südwand sich im Bogen
Nach Osten wendet. Eben kam ich an
Dem Haus vorbei: sie schienen alle schon zur Ruh'!

Manfredi.

Kommt also, doch mit Vorsicht: braucht die Schwerter
Nur in dem schlimmsten Fall; vergiesst kein Blut,
Denn Streit hab' ohnedem ich schon genug.

[Alle ab, R.

Dritter Auftritt.

Vor Malatesta's Palast. Fenster mit Altan im ersten Stock. Mondschein. Fiordelisa und Dell' Aquila treten auf R., ihnen folgt in einiger Entfernung Torelli.

Dell' Aquila.

Seid guten Muths, dies ist das Haus: ich poche
Und frage nach dem Grafen.
[Er klopft an.

Fiordelisa.
Oh! wie kann
Ich Eure Güte je vergelten?

Dell' Aquila.
Denkt
Ihr nur daran, dass ich Euch hab' gedient,
So ist es Dank genug.

Fiordelisa.
Ich will für Euch
Nach meinem Vater beten. Horcht!
[Ein Diener kommt aus dem Hause.

Dell' Aquila.
Sie kommen!
(Zum Diener.) Zwei Fremde die Graf Malatesta gleich
Zu sprechen wünschen.
[Diener ab.
Habt einen Auftrag Ihr
An Euren Vater?

Fiordelisa.
Ihr kennt ihn?

Dell' Aquila.

      Ja.

    Fiordelisa.

        Wisst, wer
Er ist?
           [Er verneigt sich.
  Dann wisst Ihr mehr, fürwahr, als ich,
Sein Kind. Nicht einmal seinen Namen kenn' ich.

    Dell' Aquila.
Was er vor Euch geheim hält, ziemt nicht mir
Euch zu verrathen; Ihr thätet wohl in ihn
Nicht allzu sehr zu dringen. Doch, er soll
Erfahren, dass Ihr sicher seid.

     Fiordelisa.

      Und sagt
Ihm auch, dass Ihr mein Retter wart. Versprecht's.
 [Malatesta und zwei Diener mit Fackeln treten aus dem Haus.

     Malatesta.
Wer ist's der Malatesta sprechen will?

     Dell' Aquila.
Ihr kennt mich, Graf?

     Malatesta.
    Dell' Aquila, Ihr seid's?
       [Leise zu Dell' Aquila.
Wen habt Ihr da? Bei Gott, ein Weiberrock!
Aha, Herr Dichter!

Dell' Aquila.

Graf, vergebt, wenn ich
Euch flehe, nicht nach dieser Dame Stand
Zu forschen. Sie ist von Gefahr umringt,
Gefahr, vor der Eu'r Dach sie schützen kann.
Der Gräfin ist sie schon zu Dank verpflichtet,
Und fleht nun, dass noch mehr des Dankes sie
Ihr schulden dürfe.

Malatesta.

Mein Haus steht ihr zu Diensten,
Sie wisse aber, die Gräfin ist nicht hier.

Fiordelisa

Nicht hier?

Malatesta.

Doch traut sie diesen grauen Haaren
Sei Obdach ihr gewährt.

Dell' Aquila.

Die Noth zwingt sie,
Es anzunehmen.

Malatesta.

Der Gräfin Zimmer soll
Das Ihre sein, die Zofe sie bedienen.

Dell' Aquila.

Was sie bedarf, ist Schutz und Schirm heut' Nacht;
Ein ander Obdach muss sie morgen finden.

Malatesta.

Mein armes Haus und alles was darin
Gehört Euch, schöne Dame: tretet ein!
Wär' meine Gattin hier, sie würde Euch

Wohl sanfter hegen; ich aber kann Euch nur
In ihr Gemach geleiten, und dort lassen.

Torelli (für sich).

Die Fährte kenn' ich jetzt: nun zu den Jägern!

[Ab, R.

Malatesta (zu Dell' Aquila).

Wollt Ihr nicht einen Becher mit mir leeren?

Dell' Aquila.

Ich dank' Euch, heute nicht.
      (Zu Fiordelisa.) Ihr seh't wohl nun,
Dass Ihr mir trauen durftet? Lebt wohl! und wenn
Ihr betet, denkt an mich.

Fiordelisa.

      Wie könnt' ich anders!
(Für sich.) Zu beten und an ihn zu denken ist
Fortan nur eins—mein Retter und mein Heil!

[Malatesta führt Fiordelisa in das Haus.

Dell' Aquila.

Sein Kind! Seit wann trägt denn die Distel Trauben?
Und doch, wie thut es meinem Herzen wohl,
Dass Beide ein so heil'ges Band verknüpft.

[Die Scene verfinstert sich allmälig.

Oh, wachet über ihr, dem holden Engel,
Himmlische Schaaren! Nun zu Bertuccio schnell,
Ihm die Gefahr die überwunden, zu
Berichten und allen Heiligen zu danken,
Dass ich zu ihrem Retter auserkoren.

[Ab, L.

[Kurze Pause. Bertuccio, Manfredi, Ascolti, Ordelaffi und
   Torelli treten auf, R. Mit ihnen Diener, die eine Leiter
   tragen.

Manfredi.

Nur sachte, Schurken! Lautlos schreitet wie
Der Tiger!

Bertuccio.

Wie Katzen eh'r!

[Ein Licht erscheint am Fenster.

Torelli.

Dort ist der Altan!

Bertuccio.

Ich sah in dieser Sommerschwüle, dass
Das Fenster offen blieb.

Ascolti.

Ha! dort ist Licht.
Wenn sie noch wachte?

Bertuccio.

Wenn auch—was dann weiter?
Ein kühner Sprung—den Mantel über 'n Kopf:
Hat sie zum Schreien Zeit, seid Ihr nur Pfuscher.

Manfredi (nimmt den Mantel ab).

Nehmt hier den Mantel.

Ascolti.

Wenn sie Hilfe ruft
Könnt' es uns schlecht bekommen.

Bertuccio.

Oh! Katzen feig',
Die Ihr Euch Fische fangen wollt, und fürchtet
Die Pfoten nass zu machen! Schämet Euch!
Zu Manfredi.) Den Mantel her! Ich zeige Euch den Weg!

DES NARREN RACHE.

Manfredi.

Narr! mit Verlaub! Den Vogel fang' ich selbst.
Zurück! Halt' Du die Leiter nur, das ist
Lackaienpflicht, geziemt Ir folglich besser.
Ascolti und Torelli, haltet Wache!
Nur ich und Ordelaffi geh'n hinauf,
Dem Edelwild die Schlinge zuzuziehen!

[Das Licht wird ausgelöscht; die Diener lehnen die Leiter gegen den Altan. Ordelaffi steigt zuerst hinauf, dann Manfredi. Bertuccio hält die Leiter unten.

Bertuccio.

Das Licht ist fort! Hinan!

Manfredi (auf der Leiter).

Ha! Lump, Du zitterst!
Ist's Furcht!

Bertuccio.

'S ist unterdrücktes Lachen, Galeotto,
Ich denke mir, wie Guido morgen wohl
Verblüfft dreinblicken muss, wenn er das Nest
Verlassen und erkaltet finden wird!

[Manfredi und Ordelaffi steigen durch das Fenster ein. Mondschein bis sie wieder herauskommen.

Ha! sie sind drin! Bedächt'ge Narren Ihr!
Ich hätt' es selbst in kürz'rer Zeit vollbracht!
So, Guido, Du liebst Dein junges Weib, sagt man,
Recht innig; das ist brav von Dir. Wie wird
Es Dir nun wohl zu Muthe sein, wenn Du
Erwachst, und sie verschwunden ist, auf die
Mit Stolz und Freude Deine Augen blickten,
Die Deines Alters Stütze war. Glück auf!
Zum öden Herd, zur herben Seelenpein,
Den schweren Tagen, den verzweiflungsvollen Nächten!
Mir hast Du sie bescheert; nun sind sie Dein!

Ja, ich, der Krüppel, der verhöhnte Narr,
Hab' meine Hand nach Deinem Kleinod ausgestreckt
Hab' es erfasst und in den Koth geworfen
Wie Du eh'mals das meine!

> [Ein unterdrückter Schrei im Hause. Manfredi und Ordelaffi erscheinen auf dem Altan. Sie tragen Fiordelisa auf ihren Armen, in Manfredi's Mantel gehüllt und steigen herab.

Manfredi.

Nun geschwind
Nach meinem Gartenhaus, dort den Gewinn
In Sicherheit zu bringen!

> [Alle ausser Bertuccio ab, R. Die Diener ab mit der Leiter.

Bertuccio.

Es ist vollbracht!
Die Schandthat an dem Engel ist gerächt!
Der Schlaf flieht meine Augen diese Nacht!
Nicht Nacht ist's, nein, der Tag bricht an für mich!

VORHANG FALLT.

DRITTER AUFZUG.

Erster Auftritt

Manfredi's Palast. Zimmer mit einer Thüre L., und zwei Thüren R. Tische und Stühle R. und L. Fiordelisa tritt auf durch die 1. Thüre R.

Fiordelisa.

Was ist gescheh'n? Wo bin ich? Kaum besinn'
Ich mich. Jene Männer erst - die dunkle Hülle—
Die frische Nachtluft die mir entgegenwehte—
Ein kurzer Kampf mit starken Armen dann—
Und meine Sinne schwanden. Als ich erwachte,
Lag weich gebettet ich auf Polstern dort.
Hat er mich hintergangen—preisgegeben
Dem Schicksal, dem er mich entziehen wollte?
Doch nein! Verrath hat solche Worte nicht,
Blickt anders aus den Augen!—Oh! mein Vater!
Wenn du nun kommst und mich nicht findest! Fort
Muss ich von hier! (Sieht sich um.) Die Thüre da!
 (Rüttelt an der Thür, L.) Verschlossen!
Zu Hilfe! Wer wagt es hier mich einzuschliessen!
Mein Vater soll es strafen! Hinaus lasst mich!

 (Rüttelt wieder an der Thüre. Sie wird von Aussen geöffnet.)
Ach, endlich! Herr! wer Ihr auch seid, oh, helft mir!

 [Manfredi tritt auf, L.
Nehmt mich zu meinem Vater! Er wird Euch segnen,
Belohnen——

Manfredi.

Das können Eure Lippen nur.

Fiordelisa.

Sie sollen Euch des Himmels Glück erflehen——

Manfredi.

Dass wäre süss von solchem süssen Mund,
Doch kaum genug.

Fiordelisa.

Oh, Herr, die Zeit vergeht.
Nennt nur den Preis, den Ihr für diesen Dienst
Verlangt, mein Vater wird gewiss ihn Euch
Gewähren.

Manfredi (verschliesst die Thüre L. wieder).

Wenn Euer Lösegeld ich soll
Bestimmen, so geschäh's am Besten bei
Verschlossner Thür. Um dann zum Schluss zu kommen
Erfahrt vorerst, wo Ihr gefangen seid,
Wer Euer Kerkermeister und was hier
Euch droht. So rathet wo Ihr seid?

Fiordelisa.

Ich weiss
Es nicht.

Manfredi.

In des Herzog Manfredi's Schloss. Und nun—
Kennt Ihr den Kerkermeister wohl?

Fiordelisa.

Wer ist's?

Manfredi selbst.

Manfredi.

Fiordelisa.
Weh' mir!

Manfredi.
Wie meint Ihr das—
Ist schrecklich diese Kunde?

Fiordelisa.
Mein Vater hat
Und auch Brigitte vom Herzog oft gesprochen.

Manfredi (für sich).
Da könnt' ich wohl zum erstenmale gar
Vernehmen, was man in Wahrheit von mir hält.
(Laut.) Sie sagten?

Fiordelisa.
Dass er grausam, verwegen sei,
Sein Durst nach bösen Freuden unersättlich,
Dass kaum man wüsste ob geliebt er mehr,
Ob mehr gefürchtet, in Faenza sei.

Manfredi (für sich).
Da traue Einer nun dem rohen Volk,
Dem niedern Haufen, der mit breitem Mund
Und schmier'ger Kappe Beifall jauchzend mich
Begrüsst. Den Schurken soll noch schlimmer es
Ergeh'n, eh' sie mit mir zu Ende sind.
(Laut.) Ich dank' Euch, susse Schöne! Ich bin der Herzog!

Fiordelisa.
Oh, Gott, erbarm' Dich meiner!

Manfredi.

                        Wenn das Gerücht
Die Wahrheit spräche, wäre nichtig dies
Gebet ; doch hierin lügt es wahrlich. Seh'
Ich wie das Scheusal aus, von dem man Euch
Erzählt? Mein zitternd Täubchen, glätte nur
Dein kraus Gefieder ; sieh Dich hier nur um.
Ist dieser Kerker denn so grauenhaft?
Das Ruhebett, war es denn hart? Oh, sagt,
Hat man denn unsanft Euch behandelt? Ich bin
Gefang'ner Euch, oh Holde, nicht Ihr die meine.

Fiordelisa.

So lasst mich geh'n.

Manfredi.

               Nicht bis Ihr wisst was Ihr
Dabei verlieret. Ganz Faenza ist
Mir unterthan, und sie, der ich gewogen,
Gebietet über alles was Faenza
An Lust und Reichthum aufzuweisen hat.
Zu Füssen leg' ich's ihr, und mich zuletzt
Dazu, und flehe um ein gnäd'ges Wort !
Was ist das Leben wenn es nicht gekrönt
Durch Liebe? Ein umwölkter Himmel ohne
Der Sonne, Mond und Sterne Licht. Ein Becher
Aus dem der Wein geleert der golden perlte,
'Ne Laute ohne Saiten, eine Tafel
Der festlichen Gerichte all beraubt—
Tod ist es, Leben nicht ! Solch ein Juwel
Wie Deine Schönheit ist, darf nicht verborgen,
Ein Schatz in dunkler Truhe, ruh'n ; es sollte
An fürstlich prangendem Gewande glänzen—
In einer Krone funkeln—in der meinen !

                                       [Er nähert sich ihr.

Fiordelisa.

Rührt mich nicht an!

Manfredi (tritt zurück).

Du Närrchen, nicht ein Haar
Mocht' ich auf diesem schönen Haupte krümmen.
Bedenk', wie düster, trüb und öde Dir
Das Leben war! Ich will es hell und froh
Und sonnig Dir gestalten, wie Blüthenflor
Im Wonnemond. Nur musst die Freude Du
Zurück nicht stossen, weil der Liebe Hand
Sie bietet.

Fiordelisa.

Oh, missbrauchet nicht das Wort!
War je die Liebe dem nächtlichen Raube, der
Gewalt wohl hold? Lasst mich von hinnen geh'n!
Mein Vater wird die Schmach Euch büssen lassen,
Gleichviel ob Ihr der Herzog seid!

Manfredi.

Dein Vater!
Beim heil'gen Rock, sie macht mich lachen! Ha!
Dein Vater, Mädchen! Bertuccio!

Fiordelisa.

Dass von ihm
Des Vaters Namen ich erfahren muss!
Ja, Herr, mein Vater!

Manfredi.

Ist mein Sklave, ja,
Ein Ding das vor mir kauert wie ein Hund,
Und bettelt, dass ich die Peitsche sparen möge,
Das Stichblatt meines Spotts, mein Sündenbock,
Mein Narr in buntgescherktem Kleide ist er!

Fiordelisa.

Es ist nicht wahr! 'Ne Lüge ist's, wie alles
Was Ihr geredet. Ich sag' Euch, lasst mich fort!

Manfredi.

Ihr seid in meinem Schlosse. Hier gehorcht
Mir alles, und mein Wille ist Gesetz.
Ruft Ihr um Hilfe, kommt Gewalt—wenn ich's
Vermöchte einer Dame gegenüber
Gewalt zu brauchen.

Fiordelisa.

So seid Ihr nicht ganz
Gefühllos. Herr, ich bitte Euch, bedenkt:
Ihr seid der Herzog, sagt Ihr, Eure Macht
Ist unumschränkt,—ein schwaches Mädchen nur
Bin ich—weit schwächer als ich glaubte wenn
Es wahr, was Ihr von meinem Vater sagt.
Wie könnt' mit mir Ihr Ehre Euch gewinnen?
Und doch brächt's Ehre Euch, wenn Ihr mein Fleh'n
Erhörtet, Ihr mich still nach Hause schicktet.
Oh! lasst mich nur von hinnen gehen wie
Ich kam; nie will ich dieses Schimpfs erwähnen;
Sogar dem Vater will ich ihn verschweigen.

Manfredi.

Verlange Alles, nur nicht das.

Fiordelisa.

Nur das
Allein! Oh, Herr, Ihr habt ein Ehgemahl—
Wenn sie es wüsste?

Manfredi.

D'rum will ich sorgen dass
Sie's nicht erfährt. Komm', liebe Kleine, lass'

Die zorn'ge Miene, obschon sie wunderbar
Dich kleidet! [Er tritt auf sie zu.

Fiordelisa.

Rühret mich nicht an! Zu Hilfe!
[Er geht auf sie zu; sie zieht sich zurück nach der 2. Thüre, R.
Ha! eine Thür!
[Oeffnet die Thüre und verschwindet durch sie.

Manfredi (verschliesst die Thüre).

Nur tiefer in das Netz
Ist sie verstrickt—ein Lamm, geflüchtet in
Des Wolfes Höhle. [Er lacht.

Torelli (draussen).

Mein Fürst!

Manfredi.

Torelli's Stimme!
[Schliesst die Thüre L. auf. Torelli tritt ein.
Was giebt's, Torelli?

Torelli.

Herr, die Herzogin
Ist hier.

Manfredi.

Die Neuigkeit, oh Mensch, ist alt.
Die Herzogin ist hier schon stundenlang;
Noch eh' der Tag anbrach, kam eiligst sie
Herbei. Sie muss zur Nacht geritten sein.
Sie hinderte die Morgenandacht so,
Die vor der kleinen Heil'gen hier ich zu
Verrichten dachte.

Torelli.

Wisst Ihr den Grund warum
So plötzlich sie erschien?

Manfredi.

Die Eifersucht
Hat sie gestachelt, wie ich schliessen muss.
Geheimes Einverständniss zwischen mir
Und Malatesta's Weib befürchtet sie.
Ein Trost war's doch, dass einmal ich im Stande,
Den unbegründeten Verdacht ihr zu
Verweisen. Ich erzählte ihr darauf,
Dass Malatesta gestern Abend noch
Mit der Gemahlin nach Cesena ritt;
Und theilte dann als ferneren Beweis
Ihr mit, dass er versichert, es bedürfte
Nur des Befehls der Herzogin, so kehre
Die Gräfin unverzüglich an den Hof
Zurück. So hat sie denn nach ihr gesandt,
Gewiss nur weil auf einer Lüge sie
Mich zu ertappen hofft. Ihr Bote ritt
Beim Tagesgrauen nach Cesena. Bald
Erscheint er wieder hier, und bringt, ich hoffe,
Ginevra Malatesta.

Torelli.

Das ist einzig!
So ist sie auf der falschen Spur, und Ihr
Könnt sicher hier mit Fiordelisa kosen.

Manfredi.

Ja wohl! Ich entschuldigte bei ihr mich dann,
Gab Staatsgeschäfte vor, zu denen ich
Den Abgesandten von Florenz und Euch
Ins Gartenhaus geladen hätte; doch
Die Staatsgeschäfte fordern nur zunächst,

Dass ihr beim Festmahl mit zugegen seid,
Das unserer gefang'nen Schönen ich
Zum besten gebe. Holt Ordelaffi und
Ascolti her, und sendet meine Leute
Mit Süssigkeiten, Wein und frischem Obst
Und was noch sonst dem Gaumen des schmucken und
Erschreckten Täubchens schmeicheln mag.

Torelli.

Und wie
Geberdete sie sich?

Manfredi.

Noch flattert sie
Am Gitter ihres Käfigs hin und her,
Und ruft, die Federn schwellend, nach dem Vater.
Sie war dem Picken näher als dem Küssen,
Das dumme Ding. Doch will ich sie schon zähmen,
Bis sie wohl kommt und auf der Hand mir sitzt.

Torelli.

Wo habt Ihr sie?

Manfredi.

Im inneren Gemach,
Wo sie sich hingeflüchtet. Fürchtet nicht,
Sie ist dort harmlos hinter Schloss und Riegel.

Torelli.

Ich gehe nun, was Ihr begehrt, zu senden,
Und melde den Befehl den Andern dann.
Ich wünsch' Euch Glück, mein Fürst!

[Ab, L.

Manfredi.

Und nun zu der
Gefang'nen! Durch sanfte Mittel muss ich mir
Gehör verschaffen. Leih', Asmodi, Du
Der Liebe süssberedte Zunge mir!

[Ab, durch die 2. Thüre R. Er verschliesst die Thür
von innen. Die Herzogin Francesca, eine Larve vor
dem Gesicht, und Bertuccio, im Narrenkleid, treten
auf, L.

Francesca (nimmt die Larve ab).

War das Torelli nicht, der eben ging?

Bertuccio.

Gewiss war er's. Er hat uns nicht erblickt.

Francesca.

Du also bleibst dabei, dass mein Gemahl
Gelogen? Dass Malatesta's Weib nicht fort?

Bertuccio.

Trau' dem was eines Narren Augen sahen,
Mehr als der Zunge eines Gatten. Ich
Versich're Dich, ich war in letzter Nacht
Dabei, als aus dem Hause Malatesta's
Das Weib desselben Malatesta von Deinem
Gemahl entführet ward. Ich sah die That.
Ich weiss, dass man sie hier verwahret hält.

Francesca.

Dann brauchte man Gewalt? Die Dame kam
Nicht willig?

Bertuccio.

Gewalt? Sagst Du "Gewalt?" Wie oft
Kommt wohl dem Weibe die "Gewalt" gelegen,
Die ihr das unbequeme "Ja" erspart?

Begreifst Du nicht wie die "Gewalt" so schön
Für Alles Rede steht? Sie stopft den Mund
Dem Gatten, bringt das Stadtgespräch zum Schweigen,
Ja, brüstet sich, im Fall der Noth, sogar
Vor der verrathnen Gattin. Die "Gewalt,"
Die lob' ich mir. Der guten Namen mehr
Hat sie gerettet als jemals Tugenden
Verdorben. Nach dem Narrenthum halt' ich
Gewalt wohl für die beste Maske, die
Der Witz erfunden um die Welt zu höhnen!

[Geht zur 2. Thüre, R.

Francesca.

Darin hast Du wohl Recht. Der Zwang dem sie
Sich fügen musste, wird gewiss ihr gut
Zu Statten kommen. Was verschlägt es auch
So lang gekränkt ich bin, ob's durch Gewalt
Geschah, ob böser Wille es verschuldet.
Hätt' ich nur den Beweis!

Bertuccio.

Den sollst Du haben!
Komm' her—steh' wo ich stehe—so! nun horche!

Francesca (horcht an der Thüre).

Manfredi's Stimme; er fleht in heissen Tönen.

Bertuccio.

Die Seine nur?

Francesca.

Jetzt eines Weibes Stimme!
So sind das Deine Staatsgeschäfte, Herzog!

[Sie kommt nach vorn.

Bertuccio.

Willst Du noch mehr Beweise, führ' ich Dich
In ein Versteck wo Du es hören kannst
Wie unterwürfige Gesellen laut
Den ausgeübten Streich der letzten Nacht
Besprechen; alles hohe Edelleute,
Die mir die Kappe um die Ohren schlügen,
Wenn ich es wagte Lügen sie zu strafen.

Francesca.

So komm', und hast Du wahr geredet, dann
Steh' Gott mir bei!

Bertuccio.

Wie, Thränen!

Francesca.

Oh! Thränen. Nein,
Nicht eine! Es treffe sie der Tod, die Beiden!

Bertuccio.

Hab' Acht, die Wache ist ihm treu. Kennst Du
Die Hand gestählt zur That?

Francesca.

Die meine ist's.

Bertuccio.

Du bist ein Weib—wenn der Muth Dir sinke, eh'
Der Stoss den Rechten trifft.

Francesca.

Den Dolch lass' ich
Dem Manne. Ich weiss 'ne bess're Waffe.

Bertuccio (flüstert).

Gift?

DES NARREN RACHE.

Francesca.

St! Schweig! Der Borgia's Hausarzt gab 's mir als
Unfehlbar!

[Geht zur 2. Thür, R.

Bertuccio (für sich).
Meine Tigerin ist ledig!

[Ab, L.

Francesca (an der Thüre horchend).

Kein Zweifel: eine Frauenstimme! Nun
Die Seine! Oh, wie gut kenn' ich den weichen
Sanftschmeichelnden Klang, der einst mein junges Herz
Gefangen nahm, als an des Vaters Hof
Einander wir uns Treue schwuren! Jetzt—
Oh, bitt'res Loos!—verschmäht er mich für Jede
Die seiner Laune wohlgefällt; doch nun
Erfahre er, dass fürchterlich der Hass
Der aus verschmähter Liebe spriesst. Komm', Du,

[Nimmt ein Fläschchen aus dem Busen.

Mein Busenfreund, hast Du nicht kalt wie Eis
Zeither an meinem Herz gelegen und
Ihm zugeflüstert: "Werde hart, zu Stein,
Wenn meine Stunde kommt"? Ich weiss es wohl:
Ein jeder Tropfen giebt den Tod. Wer es
Auch sei—genug für mich dass sie den Platz
Ausfüllt in Galeotto's Herz, der mir
Von Recht gebührt. Doch still, man kommt.

[Sie versteckt das Fläschchen und thut die Larve wieder vor.
Zwei Kammerherren mit weissen Stäben, denen Diener
mit Gerichten folgen, treten auf, L. Sie gehen ab in
das innere Gemach. Dann Ascanio, mit einem goldenen
Weinkrug auf einem Brette.

(Zu Ascanio.) Halt ein!
Setz' Deine Bürde nieder.

Ascanio.

Mit Verlaub,
Madonna, es ist für meinen gnäd'gen Herrn.

Francesca (nimmt die Larve ab).

Seit wann giebst Deiner gnäd'gen Herrin Du
So kurz Bescheid?

Ascanio (für sich).

Die Herzogin! (Laut.) Vergebung—
Ich wusst' es nicht——

Francesca.

Genug; stell' es dort hin,
Und harre draussen, bis ich Dich rufen lasse.

[Ascanio ab, L.

Was braucht es ferneren Beweises? Hat
Der Himmel selber doch—wenn nicht die Hölle—
Gelegenheit mir an die Hand gegeben!
Hab' ich, Manfred, Dich nicht mit Ernst gewarnt
In unsrer Liebe Lenz, dass diese Hand
Im Stande sei zu tödten wie zu streicheln?
Du lachtest, hieltest sie in Deiner fest,
Und sagtest, dass der Tod ein süsser wäre,
Den solche weisse, schlanke Hände reichten.
Du sollst ihn kosten heut'!

[Sie giesst das Fläschchen aus in den Wein.

Es ist gescheh'n!

[Bertuccio tritt auf, L.

Bertuccio (öffnet die 1. Thüre, R.).

Verberge Dich, Madonna, hier! Sie kommen!
Ich fand sie schon auf halbem Weg, so schmuck

Und lustig! Mein Gevatter ruft sie her,
Mit ihm und ihr zu speisen!

[Bertuccio ab, L. Francesca fährt zusammen und klingelt
dann. Ascanio tritt auf, L. Sie winkt ihm, und er trägt
den Wein in das Zimmer, 2. Thüre, R.

Francesca.
Sie sind gerichtet!

[Francesca ab, 1. Thüre, R. Bertuccio, Ascolti und
Ordelaffi treten auf, L.

Bertuccio.

Ihr habt ein Recht dazu:—Geht Ihr des Nachts
Zum Vogelfang, so braucht am Morgen Ihr
Des Weins, damit der Muth Euch nicht entschwinde.

Ordelaffi.

Warst Du nicht auch dabei, Schelm; doch versuch's
Zum Herzog einzutreten, und man wird
Mit Ruthen Dich vertreiben. Dero Gnaden
Bedarf des Narren heute nicht!

Bertuccio.
Ja, freilich,
Weil Eurer Zwei zugegen. Doch sagt, wie wird
Der Dame es beim Mahl behagen, sieht
Gesichter sie, die letzte Nacht sie sah?
Es möcht, am Ende ihr nicht schmecken.

Ascolti.
Sie wird
Gewiss vor unserm Anblick nicht so sehr
Erschrecken, als vor ihrem Du.

Bertuccio.
Wer—ich?
Ich hielt ja nur die Leiter: uns armen Schelmen

Gehört von Euren Bubenstreichen, wie
Von Euren Gastereien, nur die Krume.
Doch, Ordelaffi, saget mir, wie sah
Sie aus?

Ordelaffi.

Ei, glaub' es mir: mir schien es fast
Als glich sie Dir ein wenig—so etwa
Wie eine Tochter ihrem Vater—wenn
Es möglich wäre, dass ein krummes Ding
Wie Du 'ne Tochter hätte.

[Alle lachen, ausser Bertuccio, der zusammen fährt.

Ascolti.

Nun, was giebt's?
Erschrickt er gar? Hinein jetzt, meine Herrn!

Bertuccio.

Und ich voran; wer sagt, dass Schell' und Kappe
Von dort verpönt?

Ascolti.

Zurück, Herr Possenmacher;
Ich rath' es Dir, sonnst könnte Dich es reu'n.

Bertuccio.

Ich möchte doch die Dame sch'n; nicht oft
Passirt's, dass eine Schöne man des Nachts
Entführt und morgens lachen sieht.

Ordelaffi.

Weder sie,
Noch Du, denk' ich, wird Lust zum Lachen haben,
Wenn Ihr Euch treffet.

Bertuccio.

Ihr spasst? Versuchen wir's!

[Er geht zur 2. Thüre, R. Ascanio öffnet sie und stösst ihn zurück. Zwei Kammerherren zeigen sich innerhalb der offnen Thüre.

Ascanio.

Zurück!

Bertuccio.

Was, ich? Der Narr! Das ganze Schloss
Steht offen mir; im Staatsrath nur, da sitzt
Mein Stellvertreter!

Ascanio.

Mir ist vom Herzog streng
Befohlen, dass Ihr nicht vorgelassen werdet.

[Bertuccio versucht einzudringen.

Zurück! sonnst bläuen die Lackaien Dir
Den Höcker bunt.

[Er schliesst die Thür.

Ascolti.

Was sagst Du nun, Hans Narr?
Wie wär's, wenn Du's probirtest?

Bertuccio.

Geschieht mir recht!
Vergass ich doch, dass Narr'n in Sammt und Seide
Den Vortritt haben. Nur voran, Ihr Herrn!

Ordelaffi.

Sieh' da, Graf Malatesta.

ertuccio.

Ha! so bleibt
Und hört mich auf ihn sticheln! Boshaft nennt
Ihr mich? Nun seht wie Langmuth ich geübt.

Ascolti (zu Ordelaffi).

Hört nicht auf ihn, der Herzog wartet unsrer,
An seiner Schönen Seite. Anziehender
Ist dort der Zeitvertreib, als in Gesellschaft
Hier des verdammten Witzlings.

Ordelaffi.

Ja, geh'n wir!

[Ordelaffi und Ascolti ab, 2. Thüre, R. Francesca tritt
auf, 1. Thüre, R.

Bertuccio.

Wie so? Madonna, hast Beweis Du nun?

Francesca.

Gethürmet bergehoch, wenn an Beweis
Noch etwas läge. Denn gesetzt, dass mir
Das Gegentheil bewiesen worden, so wär'
Es doch zu spät.

Bertuccio.

Wie?

Francesca.

Ich vergiftete
Den Wein. Ihr Schlaf ist fest heut' Nacht.

[Sie geht nach dem Hintergrund.

Bertuccio (für sich).

Wo's gilt
In raschem Muth zur grausen That zu schreiten,
Bediene man sich nur der Frauenhand.
Ah, Malatesta! finster schaut er wie
Die Nacht. Nun, Graf, was brachte Dir der Morgen?
Gefiel es Dir? Sein Herz möcht' ich zerfleischen!

[Malatesta tritt auf, L.

Malatesta.

Wo ist die Herzogin, Schelm?

Bertuccio.

Wunderbar!

Malatesta.

Was nun?

Bertuccio.

Dass es Kappen giebt, worunter
So gut man sie versteckt!

Malatesta.

Sie! was denn?

Bertuccio.

Die Hörner!

Malatesta.

Fluch Dir!

Bertuccio.

Der edle Herr hat gut geruht?
Die Gräfin auch ist ungestört geblieben?

Malatesta.

Was soll das, Schurke?

Bertuccio.

Nein, zwingt Euch nicht so,
Es zu verbergen; Ihr seid hier unter Freunden.
Ein schweres Schicksal freilich—doch bedenkt,
Bei Eurem Alter stand es kaum zu erwarten,
Dass Ihr für Euch sie ganz allein behielt'.
Es haben Andre ihre Weiber auch
Verloren—arme Schelme, die sich vermassen

An ihre Zipfelmützen Juwele dreist
Zu heften, wo edlen Herren sie ins Auge
Stachen—die ihnen ohne Weitres dann
Die Weiber nahmen.

Malatesta.

     Bist Du denn toll, verrückt,
Betrunken gar? Doch um die Herzogin
Zu sprechen bin ich hier—wo ist die Herrin?

Francesca (kommt nach vorn).

Was wünscht Graf Malatesta?

       [Sie reden mit einander.

Bertuccio (für sich).

      Er trägt es wacker.
Doch Wunden bluten, ob auch ein Panzerhemd
Sie deckt. Und seine blutet sicher, denn
Er hat sein Weib geliebt—man schwört darauf.

  [Francesca und Malatesta kommen nach vorn.

Francesca.

Die Gräfin also war in letzter Nacht
Nicht hier,—sie schlief im Schlosse zu Cesena?

Malatesta.

Wenn nicht, so hat der Teufel hier sein Spiel.
Ich sah sie wohlgeborgen dort; und darf
Den eignen Augen, oder besser noch,
Dem eignen fest verschloss'nen Thore trauen.

Bertuccio (für sich).

Ist dieser Mann im Bunde mit Manfredi,
Dass er so lügt?

Malatesta.

Ich hatte nicht erwartet, sie so bald
Zurückzuführen, doch da Ihr befahlt,
Schickt' einen Boten ich sofort nach ihr.

Bertuccio (drängt sich zwischen beide)

Und sie ist hier; darauf besteh', Madonna!

Malatesta.

Vorlauter Hund!

Francesca.

Verzeiht; er ist verwöhnt.
Doch wünscht' die Gräfin ich zu seh'n.

Malatesta.

Sie ist
Nicht weit von hier; ich geh' sie holen.

[Malatesta ab, L.

Bertuccio.

Er lügt!
Er lügt! Den eignen Schimpf will er verhehlen.
Glaub' ihm nur nicht!

Francesca.

Doch bringt' er nun die Gräfin?

Bertuccio.

Wenn er sie brächte, ei nun, dann glaube ihm!
(Für sich.) Da er die Unbill scheinbar ruhig trägt,
Beraubt er meines guten Rechtes mich.
Die meine nahm mir den Verstand; ihn glaubte
Zum Wahnsinn ich zu treiben—verrückt zu seh'n!

Manfredi (drinnen).

Mehr Wein!

[Ascanio kommt aus, 2. Thüre, R., und ab, L.

Francesca.

Sie oder eine Andre, was thut's?
Die gleiche Schmach verdient die gleiche Strafe.

Bertuccio (für sich).

Dir bleibt es gleich: mir nicht! (Laut.) Ich sage Dir,
Dass Malatesta's Weib dort drinnen sitzt—
Sitzt an des Herzog's Seite. Ich sah es—ich—
Als letzte Nacht man sie entführt! Ich sah's.
War sie es nicht, so lügen Augen, Ohren,
So giebt es keine Wahrheit mehr auf Erden!

[Malatesta kommt zurück mit Ginevra, L. Bertuccio
kehrt ihnen den Rücken zu.

Malatesta.

Madonna, mein Weib!

Bertuccio (dreht sich um).

Ginevra hier! Wer war
Es dann, die letzte Nacht man hat entführt?
Wer ist dort drinnen?

Francesca.

Sagt mir, liebe Gräfin,
Wo wart Ihr diese Nacht?

Ginevra.

Wo ich so bald
Nicht glaubte fortzukommen; in Cesena,
In meines Gatten Burg.

Francesca.

Vergebt mir, Grä.
Dass ich zu dieser eil'gen Fahrt Euch trieb,
Mehr noch, dass ich Euch heimlich Unrecht that.

[Gelächter im innern Zimmer.

(Für sich.) Sie lachen! Ha! lache nur, Manfred, bald wirst
Du nicht mehr lachen!

Ginevra.

Wollt Ihr gnädiges
Gehör mir schenken, geb' auf die Minute
Ich Rechenschaft, wie gestern ich verbracht.

Francesca.

Kommt also in den Park. (Für sich.) Ich ersticke hier,
Wo ich dies schallende Gelächter höre.
(Zu Bertuccio.) Du bleibst! Sieh', dass die Andre nicht ent-
wischt.

[Ginevra und Francesca ab, L.

Bertuccio.

Die Andre! Nicht Ginevra? Mein Herr Graf,

[Zu Malatesta, der nach der 2. Thüre, R., geht.

Obwohl die Gräfin in Cesena schlief,
So möcht' ich schwören doch, dass ihr Gemach
Die letzte Nacht nicht unbewohnt geblieben!

Malatesta.

So wirst Du falsch nicht schwören.

Bertuccio.
Wer schlief darin?

Malatesta.

Dies frag Dell' Aquila: er bracht' die Dame
Zu mir, und bat für sie um Obdach, da
Gefahr ihr dräue.

Bertuccio.
Doch Ihr sah't sie wohl?

Malatesta.

Und wenn dem so, meinst Du, ich würde wohl
In Deine Eselsohren ihren Namen
Raunen, Du Narr?

[Er schlägt Bertuccio, dann ab, 2. Thüre, R.

Bertuccio.

Gefoppt, gehöhnt, geprellt!
Was mir das süsseste der Rache war,
Hat vor dem Munde man mir weggeschnappt!
In Stücke möcht' ich mich zerreissen! Ha!

[Dell' Aquila tritt auf, L.

(Für sich.) Dell' Aquila! Er weiss——

Dell' Aquila.

Grüss Gott! Bertuccio!
Ich suche Dich bereits seit Mitternacht.

Bertuccio.

Ha!

Dell' Aquila.

Wegen einer Sache die Dir wichtig.
Du hast ein Kind.

[Bertuccio fährt zusammen.

Woher ich dies erkundet,
Gehöret nicht zur Sache.

Bertuccio.

Still, still, still!
So Ihr es wisst, und Ihr ein guter Christ,
Ein Dichter seid—der Dichter hat ein weich
Gemüth, wie es bei Hofe und im Lager
Nicht anzutreffen ist—so schweigt davon—
Verrathet Keinem es!

Dell' Aquila.

Schon weiss man es.
Torelli weiss darum ; mit gier'gen Blicken
Hat er sie aufgespürt——

Bertuccio.

Was mehr?

Dell' Aquila.

Hat hier
Bei Hof es ausposaunt wie schön sie ist.
Man ist Dir hier nicht gut.

Bertuccio.

Nun?

Dell' Aquila.

Einen Plan
Ersannen sie, wie man vom Hause Dich
Entferne, dann den Altan rasch erklimme
Und sie entführe. Mich liessen einen Eid
Sie schwören, vor Dir den Plan geheim zu halten—
Vor Dir—nicht ihr. Ich schwur bei mir, dass ich
Sie retten oder sterben wolle : so
Erzwang ich kühn mir einen Weg zu ihr
Und brachte ihr die Kunde.

Bertuccio.

Dank! Dank! Dank!
Doch, was nun weiter?

Dell' Aquila.

Verschaffte Obdach ihr.

Bertuccio.

Oh, Himmel! wo?

Dell' Aquila.

In Malatesta's Haus.

Bertuccio.

Mein Kind in Malatesta's Haus, sagst Du?

Dell' Aquila.

Ja, in der Gräfin eigenem Gemach.

Bertuccio.

Mein Kind!—beschimpft, gemordet!

Dell' Aquila.

Ha! von wem?

Bertuccio.

Von mir! mir! ihrem eignen Vater, der
Des Himmels Rache sich anmassen wollte,
Und so auf's eigne Haupt den Blitzstrahl hat
Herabgezogen—auf's eigne und auf ihres!

Dell' Aquila.

Wie meinest Du?

Bertuccio.

Ich rieth zu dem Verderben
Von Malatesta's Weib; ich war dabei
Und schaute zu, und lachte laut vor Freuden,
Als ich die Leiter hielt,—und wusste nicht,
Dass mein unschuldig Kind ich opferte!
Schaut so verblüfft nicht aus—ich bin nicht toll!
Die Wahrheit ist's! Mein Kind ist hier,—dort in
Des Herzogs Klauen!

[Gelächter drinnen.

Horcht! wie sie lachen, die
Hyänen über ihrem Frass!—Mein Kind!
Und ich steh' hier und kann die Hand nicht rühren!

Dell' Aquila.
Dies Schwert, die Hand ist Dein!

Bertuccio.
Oh, was vermögt
Ihr gegen Jene dort?

Dell' Aquila.
Wahr! wahr! Wer hilft?
Die Herzogin!

Bertuccio.
Ich hatte sie vergessen!
(Flüstert.) Sie hat den Wein vergiftet, Mensch! Der Tod
Ist Mundschenk dort. Trinkt sie, so ist's vorbei
Mit ihr!
[Ascanio tritt auf, L., mit Wein.
Seht! seht! villeicht ist das der Wein!
[Er geberdet sich als Hofnarr.
Halt da! und zahl' dem Narren seinen Zoll!
Kein Wein geht hier vorbei der nicht erst zahlt
Gebür dem Narren.

Ascanio.
Bube, aus dem Weg!
[Bertuccio wirft den Krug um.

Bertuccio.
Verfallen ist er mir!

Ascanio.
Dein Buckel soll
Dafür noch bluten.
[Hebt den Krug auf, und ab, L.

Dell' Aquila.

Ah, da kommt Torelli!
Vielleicht nimmt er uns mit hinein.
Ein Wort ins Ohr könnt' ihr das Leben retten.

[Torelli tritt auf, L.

Torelli.

Ei, guten Tag, Herr Dichter. Fort! Hans Narr!

Bertuccio.

Ihr geht hinein?

Torelli.

Ja!

[Er drängt sich zwischen Torelli und Dell' Aquila

Bertuccio.

An der Tafel drin
Giebt's eine Lücke, die gar hässlich gähnt.
Die Liebe habt Ihr und den Krieg, doch ohne
Die Dichtkunst und die Narrheit ist leider Krieg
Nur ein Gemetzel, hinkt die Liebe. Nehmet
Uns unter Eure Flügel doch, oh lieber
Herr Baldassar, und dreifach wird man Euch
Willkommen heissen.

[Er hängt sich an Torelli's Arm, und winkt Dell' Aquila den andren zu fassen.

Torelli.

Der Herzog hat dem Dichter, wie dem Narren,
Für heut' den Riegel vorgeschoben   Er
Hat Ernstes vor.

Bertuccio.

Das macht Ihr mir nicht weiss,
Gevatterlein. Ein Rocken ist im Spiel,
Und wer ihn kennt bin ich.

Torelli.

Du?

Bertuccio.

Ja, Ihr habt
Den besten Spass versäumt. Ordelaffi und
Ascolti haben an der Nase mich
Herumgeführt. Für diesmal wahrlich habt
Dem Narren Ihr das Blatt gewendet! Dass
Ginevra sich als Fiordelisa gar
Entpuppte, und mein Hans Narr Bertuccio nicht
Drum wusste! Ha! ha! Vortrefflich! Ja, fürwahr,
Ein Taschenspielerstreich, den ich bis an
Mein sel'ges Ende nicht vergessen werde.

Torelli.

Du nimmst als Spass es auf?——

Bertuccio.

Wie sollt ich anders?
Wär' nicht der Spass, so blieb die Ehre doch!
Denkt nur, die Tochter mein in hoher Gunst
Bei Manfred. Für solche Gnade gäben Grafen
Zu Dutzenden die Wappenschilder her.
Ich glaube gar, Ihr meintet, ich würde fluchen,
Wie toll geberden mich, in Stücke Euch
Zerreissen wollen—d'rum habt Ihr mir den Weg
Versperrt! Doch seht, ich bin ja lustig, und,
So Ihr mich einlasst, soll auch sie es sein!
Bin ich erst drin, so will die dumme Dirn
Ich schulen, ihr verständlich machen wie
Zu Ehren sie gelangt, dem hohen Herrn
Darbringen Dank, der Witze drolligste
Ersinnen. Ihr sollt schwören, dass noch nie
Ich solche echte Narrenspossen trieb.
Nur lasst mich ein!

Torelli.

Fürwahr, der Narr wird weise!
Ich meld's dem Herrn, vielleicht lässt er Dich ein.

[Torelli ab, 2. Thüre, R. Bertuccio sinkt erschöpft in einen Stuhl, L.

Dell' Aquila.

Hier hängen Leben von Minuten ab.
Ist's sicher, dass die Herzogin den Wein
Bereits vergiftet, oder thun es will?

Bertuccio.

Das ist est ja gerad; ich weiss es nicht:
In diesem Augenblick vielleicht führt sie
Den Tod an ihre Lippen: wär' erst ich drin,
Mit tollen Sprüngen wollt die Tafel ich
Umstossen, und den Wein vergiessen, wie
Ich eben jetzt gethan; doch machtlos bin
Ich hier. Oh, Beelzebub! Gieb ihnen das
Verlangen ein, es seh'n zu wollen, wie
Ein Vater über seines Kindes Schimpf
Noch närr'sche Spässe macht! Ha! Jemand kommt:
Gewiss, der Herzog schickt nach mir!

Torelli (in der Thür).

, er Herr
Will nichts von Deinen Affenstreichen wissen.

[Er schlägt die Thüre zu. Bertuccio wirft sich zu Boden.

Dell' Aquila.

Holla! Torelli, und Ihr Andern drin,
Ihr Herzog, hoch vor Allen, ich sage Euch
Banditen seid Ihr, Hasenfüsse. Kommt,
Wenn Ihr Euch Männer rühmt zu sein, und zwingt
Mich diese Forderung zu widerrufen,
So einer unter Euch den Muth noch hat!

Bertuccio.

Ihr rühret Menschen; Teufel nicht!

Dell' Aquila.

Wer hilft? Da kommt die Herzogin! noch ist sie Weib!

[Er richtet Bertuccio vom Boden auf. Francesca tritt auf, L.

Bertuccio (stürzt ihr entgegen).

Oh, Herrin, rette mir mein Kind! Die Tochter
Die mehr mir als mein Leben lieb! Sie war's
Die letzte Nacht man hieher trug, und barg.

Francesca.

Dein Kind!

Bertuccio.

Vom Tod, vielleicht von Schlimm'ren als
Der Tod, kannst Du sie retten! Lass die Thüren
Erbrechen! Du bist nach dem Herzog hier
Gebieterin. (Leise.) Und willst Du das nicht, oh!
So mische nicht das Gift!

Francesca (leise).

Es ist zu spät.
Der Wein war hier.

Bertuccio.

So bleibt uns dies nur übrig.
Helft, Aquila! helft mir die Thür einschlagen.

[Sie erbrechen die Thüre und stürzen hinein; Francesca folgt. Die Scene wird rasch gewechselt. Ein Saal mit Tafel in der Mitte. Manfredi, Fiordelisa, Malatesta, Ordelaffi, Ascolti, Torelli und Diener.

Bertuccio und Dell' Aquila (aussen).

Trinkt nicht, Ihr Herrn, vergiftet ist der Wein!

⌜Manfredi fährt vom Stuhle auf, und fällt todt nieder, L. Malatesta und die Uebrigen machen sich um ihn zu schaffen. Fiordelisa schreit auf, stürzt nach R. und fällt in Ohnmacht. Dell' Aquila, welcher R. mit Bertuccio erscheint, fängt sie in seinen Armen auf.

Alle Edelleute.

Wer war der Thäter?

Bertuccio (springt auf den Tisch).

Ich! *

[Ordelaffi und Ascolti durchbohren Bertuccio, welcher vorwärts taumelt und niederfällt. Francesca tritt auf.

Francesca.

**Er lügt! Ich war's!
Vor aller Welt verantwort' ich die That.**

Bertuccio (schleppt sich zu Fiordelisa).

**Wie aber soll vor Gottes Richterstuhl
(Zeigt auf sie) Ich dies verantworten? Todt! todt! Mein
    Täubchen!
Schneeweisse Lilie mein, die Du zum Himmel
Bist eingegangen sündenrein! Was ich
Erstrebt—des Narren Rache, also endet
Auf diese Weise! Kalt ist sie! Kalt! Ha!
Ein Athemzug! Sie lebt! Sie lebt! Oh, dass
Mir Einer sagte, "Sie trank nicht," ihn wollt'
Ich segnen tausendfach, für ihn so beten,
Wie nie ein Heiliger gebetet!**

Fiordelisa.

* **Vater!**

Torelli.

Sie trank nicht einen Tropfen! Mit reinen Lippen
Liegt sie in Deinem Arm!

Bertuccio.

Gott segen' Euch!
Doch, ach! mein Kind, bald muss ich Dich verlassen!
Mein Leben schwindet. Dir, Aquila, der Du
Die einz'ge treue Seele in Faenza,
Dir hinterlasse ich mein Alles hier!

[Bertuccio legt Fiordelisa's Hand in die Dell' Aquila's.
Sie stützen ihn.

Malatesta (zu Francesca).

Gebt Euch gefangen, Herzogin!

Francesca.

Gefangen!
Giovanni Bentivoglio, mein Vater,
Mit seinem Heere steht vor Euren Thoren.
Wer's wagt, mag dort Francesca Bentivoglio
Zur Rechenschaft für diese That sich fordern!

[Ab, L.

Malatesta (zu Bertuccio).

Du Bösewicht, was trieb Dich an hierzu?

Bertuccio.

Die Rache!

Fiordelisa.

Vater!

Bertuccio.

Ja! die Rache! Graf Guido,
Erkennt in mir den unglücksel'gen Menschen,

Dem Ihr vor vielen Jahren sein Weib geraubt—
Gemordet! Antonio Bordiga!

Malatesta.

(Fällt entsetzt in einen Sessel, und bedeckt sein Gesicht.)

Du!

Bertuccio.

Nach Rache lechzend, trieb ich den Herzog an,
Euch Euer schuldlos Weib, Ginevra, zu
Entführen. Ist gleich mein Plan gekreuzt, ich selbst
Dem Tode nah, so sieg' ich schliesslich doch,
Und sollt des Narren Rache Ihr noch fühlen!
Graf Guido Malatesta, mit dem letzten
Hauch,——

Fiordelisa (ihn umfangend).

Nicht! oh, Vater! nicht!

Bertuccio (fällt nieder).

Verzeih' ich Euch!
Du hattest Recht, mein Kind: dem Ewigen
Gehört die Rache, nicht uns Sterblichen.
Zu spät erkenn' ich es. Oh! bete, bete
Für mich!

[Fiordelisa unterstüzt sein Haupt

Fiordelisa.

Mein Vater!

[Er stirbt.

VORHANG FÄLLT.